光明社科文库

行为心理视角下的董事会治理

叶　蓓◎著

光明日报出版社

图书在版编目（CIP）数据

行为心理视角下的董事会治理／叶蓓著. --北京：
光明日报出版社，2019.12（2022.4重印）

（光明社科文库）

ISBN 978 - 7 - 5194 - 5101 - 1

Ⅰ.①行… Ⅱ.①叶… Ⅲ.①董事会—管理体制—研
究 Ⅳ.①F271

中国版本图书馆 CIP 数据核字（2019）第 269192 号

行为心理视角下的董事会治理
XINGWEI XINLI SHIJIAOXIA DE DONGSHIHUI ZHILI

著　　者：叶 蓓	
责任编辑：曹美娜　朱 然	责任校对：荀宝风
封面设计：中联学林	责任印制：曹 净

出版发行：光明日报出版社

地　　址：北京市西城区永安路 106 号，100050

电　　话：010 - 63139890（咨询），010 - 63131930（邮购）

传　　真：010 - 63131930

网　　址：http：//book. gmw. cn

E - mail：gmrbcbs@ gmw. cn

法律顾问：北京市兰台律师事务所龚柳方律师

印　　刷：三河市华东印刷有限公司

装　　订：三河市华东印刷有限公司

本书如有破损、缺页、装订错误，请与本社联系调换，电话：010 - 63131930

开　　本：170mm×240mm

字　　数：133 千字　　　　　　　印　　张：12.5

版　　次：2019 年 12 月第 1 版　　印　　次：2022 年 4 月第 2 次印刷

书　　号：ISBN 978 - 7 - 5194 - 5101 - 1

定　　价：78.00 元

内容简介

全书包括理论研究、实证研究与政策建议三个部分。

理论研究部分包括第三到第六章。第三章首先明确董事会团队属性及其特殊性，指出现代公司董事会是规模较大、成员精英化、从事非常规决策的工作团队；决策任务复杂因而绩效难以评估；兼具对外权威性和对内共识性双重特征。在此基础上，第四到第六章借鉴组织行为和认知心理研究成果，从理论层面抽取和分析影响董事会治理的行为心理因素。第四章通过对董事会决策过程的解析，揭示董事会信息弱势地位和信息处理特点，形成信息获取与治理有效性的理论假设。研究认为，信息是影响董事会治理的关键因素。委托代理关系以及日益增多的独董席位使得董事会处于严重的信息被动地位，由此影响董事会对重大事项的识别、分析、应对和决策。缓解信息被动的不利影响，需要董事会更加主动地开展信息获取活动。第五章研究董事会—CEO信任关系对董事会治理的影响，提出董事会与管理层相互信任是董事会治理的重要条件。良好的信任关系有助于双方长期稳定合作，有助于协调双方职能发挥，有助于调和两者在重大决策中的风险认知，因而对董事会各项治理职能的发挥具有理论上的促进作用。第六章梳理归纳常见认知偏误及其对董事会治理的影响，结合安然公司案例分析认知偏误，尤其是群体思维对董事会治理失效的影响，在此基础上提出认知冲突和董事会异质性的潜在积极作用。研究认为，认知特征对董事会治理存在不可忽视的影响。个体或群体认知偏误容易导致董事会决策偏离理性。特别是群体思维使得董事会议事过程缺乏批判性，人云亦云、附和权威、排除异见、回避冲突，结果造成集体智慧丧失，失去集体决策的意义。与之相反，董事会内部认知冲突和异质性有助于改善决策质量，提高对管理层的监督威慑，因而对董事会治理具有理论上的促进作用。

实证研究部分包括第七到第九章，围绕理论研究形成的假设开展实证检验。第七章以信息获取、信任关系、认知冲突和努力水平为观测变量，构建了一个简化的董事会行为心理—治理有效性模型；通过问卷调查获取董事会行为过程与治理绩效量化数据，对行为过程与治理有效性的关系进行检验。研究结果表明，信息获取、信任关系对董事会监督、战略、服务职能发挥存在显著促进作用。第八章以企业多元化战略为例，利用上市公司数据研究董事会异质性对战略绩效的影响。研究结果表明：董事会异质性显著影响多元化战略绩效；职业异质性促进多元化发展，对企业价值产生积极影响；社会异质性削弱多元化发展倾向，对企业价值表现出显著负面影响；多元化战略部分中介了董事会异质性对企业价值的影响。第九章研究上市公司独立董事质疑行为，以期为群体思维防范提供思路。基于独立董事意见公告的研究表明，个体特征和组织特征对于独董公开质疑行为存在显著影响：声誉较高、年龄较轻的独立董事更有可能提出公开质疑；董事会会议频率较高、股权集中度较低、董事长总经理两职分设以及规模较小的公司，独立董事更容易表达不同看法。

第十章对全书进行总结，明确研究的政策意义，就未来董事会治理完善提出一系列政策建议。研究指出，片面提高独立董事比例在增强客观公正的同时可能带来信息和信任关系的损失，未来的结构变革应当权衡这种效率替代的影响。此外，过分同质化、高度黏结的董事会团队难以避免群体思维的消极影响。因此，未来的治理改革，一是要努力改善董事会信息供应和获取；二是要通过制度化沟通交流，推动董事会与管理层之间的相互理解和信任；三是努力营造建设性冲突氛围，防范群体思维倾向。为此，在董事会团队建设中要注意保证适度异质性，增聘声誉显著的年轻董事，改进集体议事模式，同时尽可能避免公司权力结构的过分集中等。

与以往研究相比，本书的主要特色在于：强调董事会团队属性及作为高阶团队的特殊性；借鉴组织行为学、社会学与心理学成果，将研究触角深入到董事会行为过程当中，揭开董事会运行的黑箱；突破主流研究的理性人假设，基于有限理性和不完全信息研究认知心理对董事会治理绩效的影响。研究有助于更好地理解认识现实条件下的董事会行为，据此对症下药，为企业和监管部门提供切实可行的治理建议，更好发挥董事会作用。本研究还促进了行为理论向公司治理领域的渗透，有助于丰富行为公司治理研究成果。

　　由于行为治理研究历史短暂、缺乏成熟的理论框架，董事会运作过程较为隐蔽，同时作者的学识经验有限，研究还存在很多不足之处，例如，对于行为过程的考察未能考虑董事会文化的影响；有关认知特征的研究集中在群体思维和认知冲突方面，缺乏对其他认知特征的考察等。这些问题尚有待未来深入研究。

　　公司治理归根结底一定程度上是人的治理。随着更多社会学、心理学研究成果涌现，期待更多学者加入行为公司治理研究行列，让现代公司董事会发挥更大的作用。

序

　　21世纪以来，全球范围不断上演的公司危机给投资人带来巨额损失，也造成社会资源极大浪费。历次危机导火索各有不同，深层次原因却多与公司治理有关。特别是一些处于内部治理核心的董事会频频失职，已成为不争的事实。

　　董事会治理为何失效？主流理论对此开展过大量研究，围绕规模、结构、激励等问题展开探讨，各国也依此进行了实践探索。然而，时至今日董事会沦为"橡皮图章"的状况仍旧大量存在。审视过往研究不难发现，主流研究存在一些明显局限，主要是：将董事会视为个体的简单加总，忽视其团队属性；对静态特征过分关注，导致对行为过程的忽略；重点关注理性人假设前提下的委托代理矛盾和激励不相容问题，忽略认知心理影响。有鉴于此，本书尝试从行为过程和认知心理入手，探讨董事会治理的影响因素，以期揭开董事会治理失效之谜，为未来治理改革提供新的思路。

　　借鉴组织行为和认知心理成果，本书包括如下几个部分。首先，明确董事会团队属性及其作为高阶团队的特殊性，从理论层面抽取和分析影响董事会治理的行为心理因素，包括信息获取、信任关系、认知冲突与异质性等，形成理论预设。其次，构建行为心理—治理有效性模型，借助调查数据研究信息获取、信任关系、认知冲突等行为过程变量对治理有效性的影响；利用上市公司数据研究董事会

1

异质性对多元化战略实施绩效的影响；基于独董意见公告，对独董质疑行为的个体及组织特征进行研究，为群体思维防范提供经验证据。

　　研究结果表明：1. 信息和信任关系是影响董事会治理的关键因素，对治理有效性提高有明显促进作用；董事会结构改革应妥善处理好增强独立性与保证信息、信任关系的潜在矛盾。2. 认知偏误，特别是群体思维倾向易导致非理性决策；董事会认知冲突和职业异质性一定程度上有助于防范这类偏误，改善决策质量。研究继而就如何改善信息获取、推动沟通信任、营造建设性冲突氛围、防范群体思维倾向提出了一系列具体建议。

叶　蓓

2019 年春

目 录
CONTENTS

理论篇

实证篇

一、绪　论

（一）研究背景

1. 公司危机与董事会失效

21世纪以来，全球范围不断上演的公司危机给投资人带来巨额损失，也造成社会资源极大浪费。回顾历次危机，尽管导火索各有不同，深层次原因却多与公司治理有关。处于内部治理核心的董事会由此成为公众关注的焦点。

（1）安然事件

2001年12月，昔日能源巨头美国安然公司申请破产保护，严重打击了投资者和公众信心，也令美国经济受到严重挫伤。

位于得克萨斯州休斯敦的安然公司宣告破产之前雇员人数约21000名，是全球最大电力、天然气、电信公司之一；曾经连续六年获评"美国最具创新精神公司"；股价最高达到每股90.56美元。然而，由于持续多年精心地策划，乃至制度化系统化的财务造假丑闻曝光，这个拥有上千亿资产的公司2001年却在短短几周内破产，创下了当时的美国破产案纪录，至今仍是失败公司的代名词。

安然公司破产原因表面上看是管理层营私舞弊、关联交易和财务欺诈，以及内外部审计机构失职，背后的深层原因则是治理机制存在严重问题。公司董事会缺乏责任观念、不顾职业道德、缺乏诚实信用，早就为危机爆发埋下了伏笔。公司与多名董事间存在复杂的利益纠葛，曾向独董供职的非营利机构大量捐款，董事会对管理层难以实现有效监督。董事会一味听从主席和 CEO 建议，批准 CFO 建立特殊目的机构借以非法转移公司财产；在危机到来之前默许高管抛售公司股票却对普通股东隐瞒事实，致使员工退休储蓄金损失数十亿美元。

（2）雷曼兄弟破产案

次贷危机中倒下的雷曼兄弟创下美国史上最大破产案，粉碎了金融企业"大而不倒"的神话。拥有 158 年历史的雷曼兄弟曾经是美国第四大投资银行，破产前总资产 6390 亿美元，在抵押贷款债券市场连续 40 年独占鳌头。然而次贷危机冲击使得公司持有的巨量住房抵押贷款相关资产价值暴跌，将公司活活压垮。

对于雷曼兄弟倒下，外界认为董事会难辞其咎。首先，公司董事会构成及成员资历存在明显缺陷。董事会 10 位成员中，9 位已经退休，4 位年逾 75 岁；专业背景方面，只有 1 位了解金融领域、1 位财务专家；公司董事长兼任 CEO 和风险控制委员会主席。部分董事任期过长，最长的达到 23 年连任；部分董事存在关联问题，如亲戚关系；董事会虽然建有 5 个委员会包括审计委员会、财务与风险委员会等，但是相关委员明显缺乏必要的经验。不仅如此，董事会会议频率严重不足，财务与风险管理委员会在 2006 年、2007 年两年每年仅会商 2 次。董事专业背景缺陷造成公司风险文化薄弱，对某些结构性产品风险理解严重不足，过于依赖摩根大通开发的风险管理系统，风险管理手段严重不足。其次，董事会给予了 CEO 及其他高管过高的薪酬激励，薪酬中相当大比例采用股权激励计划；该政策还被进一步推广到团队和员工激励计划中。这种与资产市场完全接轨的高强度薪酬及激励政策根本无法让管理经营层注重公司长期的效益，导致经理层为股票期权铤而走险，并不惜穿破道德底线，进行各种放大效应的套利行为。在财富激励效应下，经理层不断放大高风险资产配置，不惜采用极高的财务杠杆完成各项收益指标，最终导致整体业务坍塌（肖宝同，2009）。

（3）英国石油公司漏油事件

英国石油公司（BP）是世界最大的石油和石油化工集团公司之一。2010 年 5 月公司位于美国墨西哥湾海面的钻井平台倒塌，导致 11 名工作人员遇难，数百万桶原油流入墨西哥湾，造成美国数百英里海岸线受到污染，严重威胁美国 5 个州的海洋生态。这场前所未有的灾难导致 BP 公司损失近 240 亿美元，股价下跌 1/3；迫使 BP 出售高达 400 亿美元的资产用以善后。根据事后调查，这起看似偶然的事故原因，是该公司在经营中选择了风险较高的"深水地平线"油井套管，并且没有及时关注防喷阀泄漏液体情况，从而最终导致钻井平台爆炸。墨西哥湾漏油事件固然有其发生的直接原因，然而从公司治理深层次角度探究，董事会对公司风险行为监控的漠视是一个重要原因，难辞其咎。

危机的一再爆发，唤醒人们对公司治理的重新认识和讨论，促使更多的企业认识公司治理与企业可持续发展之间关系。在现代公司治理结构中，董事会是股东和管理层的重要纽带，对股东担负法律上的受托责任，对关系公司生存发展的重大决策拥有仅次于股东大会的决策权；高管聘用、投资收购、薪酬政策等重大决策无一不是经过公司董事会的批准与认可。董事会如果不能有效发挥法律赋予的决策和监督职能，必然导致公司治理整体失效。

危机频发暴露出公司治理的一系列问题，使得董事会治理失效问题浮出了水面。董事会治理缘何失效？是什么影响或者妨碍董事会治理功能的发挥？这些成为理论和实务界迫切需要回答的问题。

2. 董事会失效的探讨与争鸣

作为危机的近距离观察者甚至直接感受者，业界率先对危机中的董事会表现进行了反思，认为危机中的公司董事会大多存在以下问题。

（1）利益冲突

当全体股东间利益冲突时，董事会成员出于自利动机违背忠实义务，做出不利于股东和公司长远发展的决策。

（2）缺乏独立性

董事会成员不同程度地依附于管理层，无法对后者行为实施有效监督。例如，安然公司的一些"独立董事"缺乏实质独立，与管理层之间存在利益纠葛。一些独董兼任公司高薪聘请的顾问，从管理层那里获取可观酬劳，这种特殊身份和董事身份产生冲突，最终导致其丧失自己的独立判断。

（3）懈怠不作为

一些"花瓶董事"只挂名拿钱不干活，造成监督、决策、服务沦为空谈。雷曼兄弟董事会很少会面，财务与风险管理委员会2006—2007年每年开会次数仅2次；过低的议事频率使得董事会完全无法及时了解和掌控公司风险状态变化。此外，一些公司独立董事兼职过多，导致时间和精力不济，造成无法履行本应担负的勤勉义务。

（4）能力欠缺

董事会监督管理层活动，实施投资并购等重大战略决策，客观上要求其成员熟悉和了解行业特点，具备必要的技术、财务和金融专业能力。然而，即便是雷曼公司这样知名的金融企业，董事会中也没有一位真正具备金融行业背景的人士，对于这家本应以风险控制为生命线的企业来说，实在惊人。

（5）职责缺位

公司经营活动的日益复杂化对董事会的战略决策和咨询顾问能力提出更高要求。然而一些公司董事会未能适应这一变化，对自身承担的决策职能认识严重不足。2013年全球航运造船业一片繁荣，中国中远集团却出现巨额亏损。分析人士认为，中远巨亏的深层次原因在于董事会主导职能错位，一直以来过度强调规范运行和监督制衡，却对公司战略管理关注不足（陆玉龙，2013）。

针对这些危机暴露出的系统性问题，各国不断加大治理改革力度，相继出台多项公司治理准则，分别以强制或推荐的方式在本国公司中推行。其中有关董事会改革的内容呈现出2个共同趋势。

（1）强调董事会的独立性①

一些国家普遍调高了董事会独立董事比例的要求；美国纽约证券交易所提出，在交易所上市的所有企业董事会大多数席位必须为独立董事，且所有独立董事完全符合有关独立董事资格的定义；薪酬委员会、提名委员会和审计委员会必须由独立董事构成；除常规会议外，董事会应当召开没有管理人员参加的议事会议等。亚洲金融危机以后，东亚各国提出上市公司董事会应当至少有30%以上的独立董事比例；还有一些国家（地区）公司治理准则指出，董事会构成应实现执行董事和非执行董事的动态平衡。我国2001年制订的《关于在上市公司建立独立董事制度的指导意见》要求上市公司董事会应有1/3以上成员为独立董事，其中至少应包括1名会计专业人士（胡泽森，2010）。经合组织在其《公司治理准则》中提出，单层董事会制度下董事会应有足够多的独立董事；避免首席执行官和董事会主席兼任以便平衡权力、使董事会具备更好地独立性。

（2）强调董事会成员的专业性

安然事件后美国纽约证交所要求上市公司审计委员会成员必须具备必要的财务会计知识，其中至少1名须具备会计或财务管理专长。次贷危机后，巴塞尔银行监督委员会对《稳健公司治理原则》进行修订，特别强调董事会应具备并保持履职所需的资质，明了自身在治理中的职能，有能力对银行各项事务做出稳健客观的决策；

---

① 董事"独立性"的定义通常反映在上市交易规则和监管准则中，不同法律体系对董事"独立性"的定义有所不同。董事独立性的主要特征是在充分考虑所有相关信息的基础上，有能力不受管理层或不恰当的外部机构或利益集团的不当影响做出客观独立的判断。

董事和高管必须具备相应的经验、能力和个人素质；要求银行监管部门对拟任董事和高管开展资质审查。金融机构也日益重视对董事和高管提名人的技术和专业能力进行独立测试（鲁桐，2012）。

上述改革汲取了公司治理危机中的一些教训，然而这些举措在实践中又遭遇到新的质疑。

首先，一些学者认为，新推出的公司治理准则更像是"选美"清单，徒有其表而难以触及实质——独立董事形式上的独立并不必然意味着实质独立，董事会成员的专业性也不代表该专业特长在治理过程中得到充分利用；一个典型例证就是危机中倒闭的安然。安然公司董事会形式上完全符合甚至超出危机后推出的《萨班斯—奥克斯莱法案》（SOX）要求——在独董比例方面，17 名董事会成员中有 15 名独立董事，其中不乏商界或学术界杰出人物；组织结构上，安然董事会更是拥有治理准则所提倡的各种专业委员会，如审计、薪酬、财务和提名委员会；该公司审计委员会不仅制订有一份堪称典范的章程，其主席更是曾任斯坦福大学商学院院长的会计学教授；除 1 位成员外，审计委员会其他成员都熟悉复杂的会计准则，有两位成员还拥有正规的专业会计经历（乔纳森，2015）。然而，精英董事会尽管看上去很美，但若怠于职守，照样发挥不了期望的作用。有学者直言，独立董事监督董事会的效果存疑，独立董事占多数的兼职型董事会很可能没有时间履行一些重要职能如风险监控。次贷危机后，一些学者开始支持在银行中设立全职的独立董事职位（Anderson，2009）。

与此同时，集体决策失效的问题不容忽视。现代公司选择董事会这一集体组织作为公司内部最高决策者，可能出于对集体智慧的期待，"不单因为团体能够优胜于一个样品中所有个体的平均水平，还有一个合理的证据表明团体相互作用的程序有一个协同作用，可使团体优胜于一个样品中最优的决策者"（Bainbridge，2002：55）。然而现实条件下，即便交由董事会决策的事项，事先都已经被 CEO 和其他高管提前沟通、甚至基本确定，到了董事会层面只是简单走个过场，并非像预期那样理想（吴伟央，2009）。更糟糕的是，在董事会会议过程中，异议与反对极其罕见；盲目的跟从与赞同占了上风；即便有异议的董事也常常采取缄默的态度。曾任多家公司董事的"资本大鳄"巴菲特不得不悲哀地承认，"很多时候，当我意识到 CEO 的提议有违股东利益时，我选择了沉默"（饶育蕾，史凤至，2008）。如果这种人云亦云的态势遭遇某个极度权威的人物，形式上的集体决策就会沦为独裁的伪装。前巨人集团创始人史玉柱总结巨人集团失败的教训时曾经表示，当时的公司董事会是个空壳，决策就是由他一人说了算，"决策权过度集中危险很大"。

因此，当前开展的董事会改革不能说没有成效，但显然是不够的。关于董事会治理失效的问题，尚存在大量值得思考和探讨的空间。

相比于业界和监管部门，学术界更多关注董事会特征与治理有效性之间的关系，围绕董事会的规模、结构、激励等问题展开了大量研究。流行观点认为，董事会规模与治理效率之间存在倒转的 U 型关系，董事会规模适度有助于监督能力和决策效率的提高（杨清香等，2009）。有关董事会结构的研究数量庞大，然结论各异。大量研究试图揭示独立董事比例与董事会治理有效性关系；然而相关的经验证据缺乏一致性。与此同时，有关外部董事股权激励是否能够改善董事会治理绩效也未能形成一致结论。有关董事会失效的研究似乎走入了一个迷局。

事实上，主流研究在探讨董事会失效问题上虽取得一些进展，却也存在明显局限：其一是对董事会静态特征过分关注，导致对其行为过程的忽略；其二是囿于委托代理框架和理性人假设，忽略认知心理影响。公司治理从根本上讲是人的治理，对现实条件下认知心理特征的忽略，必然导致主流研究在解释现实问题上的乏力。基于此，已经有许多学者呼吁，在后续的相关研究中应该更多地考虑董事会行为过程和心理因素的影响，提出更符合现实的政策建议。

（二）研究目标、内容与结构

基于上述背景，本书旨在从行为过程和认知心理入手，探讨董事会治理的相关因素及影响，力图解开董事会治理失效之谜，为未来的董事会治理改革提供新的思路。

第一章为绪论，阐述研究的背景和问题的提出。

第二章对董事会治理相关研究进行回顾和评述，重点梳理总结有关董事会行为和心理的研究成果及存在的问题。

第三至第六章为理论分析，在现有相关研究基础上，借鉴组织行为和认知心理研究成果，分别从理论层面抽取和分析影响董事会治理的行为心理因素。第三章对董事会的团队属性及特征进行再认识，构成后续研究的基础。第四章通过对董事会决策过程的解析，揭示董事会信息弱势地位和信息处理特点，由此形成信息获取与治理有效性的理论假设。第五章分析董事会—CEO 信任关系对前者治理效率的影响。第六章梳理归纳了常见认知偏误及其对董事会治理的潜在影响，结合安然案例分析认知偏误，尤其是群体思维对董事会治理失效的影响，在此基础上提出认知冲突和异质性的潜在积极作用。

第七至第九章围绕前述理论分析形成的研究预设开展实证研究。第七章构建了一个简化的董事会行为心理—治理有效性模型，基于问卷调查研究董事会信息获取、信任关系及认知冲突对治理效率的影响；第八章以企业多元化战略为例，利用上市公司数据研究董事会异质性对战略绩效的影响；第九章基于上市公司独立董事意见公告，对我国上市公司独立董事异议行为和原因进行分析，对质疑行为背后的个体特征及组织特征进行研究，以期为群体思维防范提供更多经验证据。

第十章进行总结，结合研究结论就完善董事会治理提出相关政策建议。

全书组织结构参见图1.1。

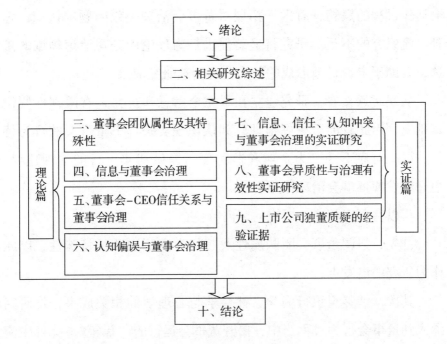

图1.1　全书组织结构图

（三）研究意义与创新

董事会是现代公司内部治理机制的核心，然而现实中却常常未能发挥应有作用，以至于给人留下"橡皮图章"的印象。董事会缘何失效，是公司治理领域一个长期以来被忽略的话题。相较于管理层，董事会行为隐蔽、信息较少公开，造成相关研究极为滞后；已有研究多聚焦于董事会规模、结构等显性因素与治理绩效的关系上，却始终未能形成一致、清晰的结论。

本研究试图从行为和认知心理入手，研究董事会治理失效的原因。研究突破了主流学派"理性人假设"的分析框架，揭开了董事会运作过程的黑箱，有助于拓展对董事会治理失效问题的认识，弥补主流研究的不足。研究将显著促进行为理论向公司治理领域的渗透，有助于丰富日渐形成的行为公司治理研究成果。

从现实意义看，研究建立在不完全信息和行为人有限理性假设基础上，因此有助于更好地理解和认识现实条件下董事会的行为特征，据此对症下药，为企业和监管部门提供切实可行的治理建议，更好地发挥董事会治理作用。

与以往研究相比，研究的突出特色在于：

首先，强调董事会团队属性及其作为高阶团队的特殊性，以此作为研究的出发点；

其次，借鉴组织行为学、社会学与心理学的相关成果，将研究深入到董事会行为过程当中，揭开董事会运行的"黑箱"，弥补主流研究的不足；

最后，突破主流研究的"理性人假设"，基于有限理性和信息不完全假定研究认知心理对董事会治理绩效的影响，突破主流研究的局限。

在研究方法上，综合运用文献、案例、问卷调查和上市公司实证数据开展理论和实证研究；对于正在形成发展中的行为公司治理研究是一个有益的补充。

二、相关研究综述

（一）董事会控制权与董事会职能

1. 董事会控制权

经理人、董事会、股东大会构成现代公司内部治理结构的铁三角，至于谁控制着公司，历来存在着 3 种代表性观点：经理主义、股东至上论、董事会控制论。

经理主义认为，经理人可以通过选聘董事对公司施加控制。此外，非执行董事不直接参与经营，因此缺乏足够的时间、知识和信息进行有效决策；相反，经理人具备显著信息优势，可以借助对董事会议程的控制实现对企业事实上的控制（Berle 等，1967）。

股东至上论认为，企业经营的根本目标是股东利益最大化；管理者只有按照股东利益行事才能确保目标实现（李伟，2008）。但是股东不亲自涉足日常经营，因而容易被代理人蒙蔽。为降低所有权、控制权分离的代理成本，股东需要聘用董事、成立董事会作为主要的监督机制。股东至上论特别强调，董事会必须服从股东利益及股东控制，但董事会应具有凌驾于经理层之上的权力（Bainbridge，2003）。

　　董事会控制理论是"股东至上论"的延伸，但更强调董事会的作用，认为董事会不仅具有超越经理层的权力，而且事实上也拥有超越股东的权力，掌握有企业终极控制权。董事会至上论将董事会视作股东的契约代理人和企业契约关系的纽带，认为董事会是企业内部拥有最高话语权的决策机构；鉴于经理人、股东和董事之间常常存在信息不对称与利益分歧，理论上讲董事会最适合行使决策控制权。团队生产理论的代表人物 Blair 和 Stout 指出，为避免逃避责任和寻租行为发生，公司团队成员必须将部分重要权力让渡给按公司章程创设的法律主体，这一主体的顶层就是董事会；董事会对于公司资产使用拥有绝对权力，该权力不受任何团队成员影响，并受到法律保护。为平衡团队成员之间的利益关系，董事会必须积极搜集和处理团队成员所面临问题的相关信息，搜集与处理信息是董事会关键职能之一。

　　上述有关控制权的 3 种代表性观点中，经理主义侧重于对现状的描画，然而其主张容易加大企业经营的代理成本，与公司治理保护股东和相关利益者的初衷背道而驰。股东至上主义和董事会控制理论符合公司治理的理想，两者关于董事会权力大小的观点存在一定差异，但又一致认为，董事会必须拥有超越经理层的权力方可实施有效监督；而且，有效监督目标的达成以董事会拥有足够的信息为前提（叶蓓等，2014）。

　　事实上，董事会权力在各国公司法中都有鲜明体现。比如英美

14

判例法认为，除公司章程另有规定，董事会排他享有公司的事务管理权；如要控制或者改变董事会的权力，则必须通过股东大会修改公司章程，或者在章程允许条件下、通过拒聘某人为董事实现，股东大会本身不能随意剥夺公司章程授予董事会的任何权力。英国、美国公司法也明确规定，除公司制定法及公司章程外，一般管理权归董事会。我国公司法采用列举方式对股东大会和董事会权力分别进行了陈述。2005 年修订的《中华人民共和国公司法》明确规定，董事会对股东大会负责，行使决定公司经营计划和投资方案等 11 项权力。

应该说，各国法律对于董事会权力的界定和维护，使得现实中董事会发挥作用具备了基本的法律依据。

2. 董事会职能

从历史角度看，董事会产生的直接原因，是为了控制股东与管理者委托代理关系所蕴含的风险。股东为企业提供永久资本，并承担剩余风险，然而其本身并不参与企业经营管理；在激励不相容情况下，管理者可能出于一己私利，做出有损股东利益的行为，引发道德风险。在此情形下，来自公司内部的监督和控制机制就变得十分必要；董事会因而被视作股东监督管理层的一种成本最低的资源（Fama，1980）。法学研究者认为，公司董事会的作用在于代表和保护股东权益；它们管理公司但不应当干涉公司的日常运营，具体职责包括选择 CEO、监督 CEO 的工作绩效，代表股东对管理者的工作绩效进行评估（李维安等，2009）。在传统公司治理领域最具影响力的委托代理学派特别强调公司董事会监督代理人亦即高管行动的作用，认为董事会应当确保代理人的工作效率并保护所有股东利益。董事会的使命是追求股东价值最大化；它们应努力减少管理者的代理成本，适当地选拔和奖励 CEO，评估 CEO 和其他高管的工作绩效（Zahra 和 Pearce，1989）。

　　然而随着现代公司经营活动日益复杂化，董事会参与治理的重要性在战略决策和提供资源服务方面日益凸显出来。特别是随着证券市场的逐渐完善，代理问题有望更多依靠市场机制解决，公司长远发展更多地取决于战略决策正确与否。变幻莫测的环境迫使公司做出审慎、一致的战略决策来应对环境变化，因此董事会战略决策职能上升到一个前所未有的高度。尽管代理理论、管家理论、资源依赖理论在董事会职能方面存在有一定分歧，它们均支持董事会具有战略职能。在代理理论看来，董事会一方面要承担监督控制高级管理人员的职能，另一方面还要通过控制 CEO 实现对公司战略方向的把握（Hill，1995）。资源依赖理论认为董事会能够给公司经理及时提供信息及资源，给予建议和咨询意见，为公司战略形成及其他重要决策提供帮助（Lorsch 和 Maclver，1989）。董事会的战略职能尤其为管家理论所强调，他们指出董事会的重要使命是与管理者一同为股东创造价值，任何时候都应当公司利益优先。Andrews 认为，一个负责而且高效的董事会应当要求公司管理层拿出经得起考验的发展战略，定期评估公司战略，并以此作为决策依据；董事会还应就公司战略相关的风险与管理层充分交流。Demb 和 Neubauer 同样认为，董事会在公司发展中的前瞻性作用主要是通过战略参与实现的。

资源依赖理论和相关利益者学说更多关注董事会的服务职能（Freeman 和 Reed，1983）。他们认为，董事会的服务职能至少在四个方面得以体现，即扩大外部影响、建立联系和筹集资金、提高声誉、提供建议等（Mintzberg，1983）。

综合上述观点，Massen 提出董事会在公司治理中肩负三重职能，即控制、战略与服务。三大职能在公司治理中的相对地位和作用是变化的：监督控制是信息不对称和委托代理冲突条件下催生的董事会基本职能，在董事会制度形成初期扮演着主导角色；然而随着公司制企业经营活动和内部组织结构的日益复杂化，战略决策和服务职能的重要性不断上升，甚至在某些时候成为决定企业生命力的利器（吴伟央，2009）。

（二）董事会治理影响因素：主流研究及评述

1. 董事会治理与治理有效性

董事会治理的关键问题是，如何通过正式或非正式制度安排，通过有效行使治理，实现委托人利益诉求、保证公司可持续发展（高明华等，2013）。

董事会治理是否有效，实质上取决于能否有效实现其监督、战略、服务职能目标。有效的董事会治理意味着董事会能够充分发挥法律赋予的各项职能，从而促进公司价值提升，这是一个精益求精的过程。治理有效的最佳状态，意味着公司价值最大化，此时的董事会可以"卓越"二字形容；与之相反，治理失效则代表治理效果的另一极，即指董事会未能充分履行法定职责，从而使得公司价值遭受严重损失。这种损失，不仅包括公司价值的直接损失，也包括丧失了本该获取的价值提升机会，即机会成本。

现实条件下，"卓越董事会"与"失败董事会"之间的界限可能是动态而且模糊的。危机中破产的公司董事会常常被形容为是失败的，但这并不意味着没有破产的公司董事会治理就是有效的；同样地，一个素来被视作卓越代表的董事会（就好比危机爆发前的安然公司董事会），或许已经危机四伏，在未来的某个时候被打入失败者的阵营。

2. 主流理论关于董事会治理影响因素的研究

由于公司董事会都是在幕后发挥作用，行为难以为外界观测；董事会的监督、战略和服务职能效果又都需要较长时期方得显现，由此造成董事会治理绩效难以评估。主流研究多将董事会视为一个"黑箱"，关注点集中于董事会的投入（主要是静态特征）与可视化产出（主要是公司绩效）之间的关系，围绕董事会的规模、结构、激励等问题展开研究（茅宁，2010）。

（1）董事会规模与公司治理

在董事会规模与公司绩效的关系上，历来存在很大分歧。一些学者认为，规模相对较大的董事会有利于公司绩效的改善。Ocasio认为规模较大的董事会更容易限制 CEO 对公司产生不利影响。Changanti 等研究零售业破产公司时，发现破产概率与董事会规模间存在反向关系，他们将之归因为：在规模较大的董事会，专业知识更加多样化，有助于提高决策准确性，降低破产概率。Denis 和 Sarin 通过实证研究发现，样本公司在董事会规模扩大后的会计期间取得了更高的市场收益。

　　然而更多学者认为小规模董事会或许有助于提高公司绩效，因为董事会监督决策能力固然可能随着董事增加而提高，但规模过大时协调与组织过程中的效率损失也将明显增加，甚至超过规模增大带来的收益（Lipton 和 Lorsch，1992）；小规模董事会在信息沟通上更加具有优势，而且能够较好地防止决策过程中的搭便车行为（Jensen，1993）。Lipton 和 Lorsch 建议董事会规模最大不应超过十人，首选八到九人。Jensen 则认为董事会人数最好不要超过七人或八人。Alexander 等则指出，规模较大的董事会意见难以统一、缺乏凝聚力，因此 CEO 们可能在与董事交往中运用一些策略谋取权力优势。上述观点得到一些实证研究支持。例如，Yermack 分析了 452 家美国大型公众公司 1984 年到 1991 年的数据，发现无论使用截面数据还是时间序列数据，董事会规模越大的公司托宾 Q 值反而较低，说明董事会规模太大反而削弱了董事会监督管理层的动机和能力，最终影响企业盈利能力和市场价值提高。Eisenberg 使用芬兰中小公司数据对 Yermack 的结论进行检验，结果得到类似结论。我国学者沈艺峰和张俊生的实证研究表明，中国上市公司中 PT 和 ST（绩效差）公司的董事会规模通常较大。

　　总的来看，现有研究多肯定董事会规模与公司绩效存在一定相关性，但相关性方向不定，更多学者倾向于董事会存在某个合理规模（杨清香等，2009）。例如，于东智曾经对 1997—2000 年间 1088 家沪深上市公司展开研究，发现其董事会规模与公司绩效间呈现倒 U 型关系；董事会人数不超过 9 人时，规模与绩效正相关，但当规模继续增大时，公司绩效反而下降。

（2）董事会独立性与公司治理

有关董事会结构的研究数量庞大，大量研究围绕董事会独立性问题展开。

20世纪70年代以来，美国等一些西方国家公众公司股权日益分散，导致公司容易被以CEO为首的经理人操纵，经理人监督严重缺乏，在此情形下催生出独立董事制度①。一般认为，引进独立非执行董事可以增加董事会的客观性、独立性，降低经理们串通勾结的可能性，保证董事会对公司的基本控制关系不因管理层介入而受到影响；独立董事制度是提高董事会独立性、保证监督效率的重要制度安排（Fama，1980）。此后许多国家纷纷推进公司治理改革，改革的重点内容之一就是调整董事会结构、增加独立董事比例。

学者们对于独立董事比例和公司绩效的相关性展开了大量实证研究。一些研究发现，独董比例较高的公司财务报告质量相对较高，提高独董比例有助于减少经理人财务舞弊行为发生（Persons，2006）；外部董事占多数的董事会更有可能通过撤换CEO改变公司不良业绩（Weisbach，1988）；公司绩效和外部董事比例显著正相关（Byrd和Hickman，1992；杨忠诚，王宗军，2008等）；另一些研究却未能对前述观点提供支持。高明华、马守莉的研究表明，中国上市公司经营业绩与独立董事比例不存在显著相关关系；何问陶、王金全的研究表明，实行独董制度的公司在有效规范上市公司行为和

---

① 独立董事是指除董事身份和在董事会中法定职责之外，不在公司内部担任其他职务、且与公司不存在实质性利益关系的外部董事。

业绩改善方面，没有突出之处。对于这种实证结论的争议，陈宏辉、贾生华提出了"效率替代"假说，认为独立董事增加有助于强化董事会决策的公正性，然而由于独立董事信息获取能力欠缺，决策适用性可能降低；由于效率替代的作用，董事会独立性与董事会决策效率之间可能存在一种"倒 U 形"关系。

（3）董事会激励与公司治理

委托代理框架下，股权激励常常被视为控制董事会代理成本、促进董事会与股东利益协同的有效措施。Beasley 研究发现，公司财务报表舞弊概率在外部董事持股比例增加后下降了。孙喜平、胡伟以湖北上市公司为样本，从薪酬、持股、董事长更换等三个方面研究董事会激励与公司绩效的关系，发现董事会成员持股、薪酬与公司绩效呈显著的正相关关系；董事长更换与前一年度的经营绩效存在显著的负相关关系。

不过股权激励也可能是把双刃剑。Bedard 等人的实证研究发现，独立董事持股有可能刺激盈余管理行为，损害董事会监督效率。慕亚垒对企业非效率投资进行研究时，发现董事会货币薪酬激励有助于抑制投资过度、缓解投资不足、提高投资效率；股权激励对非效率投资没有显著抑制作用，反而会加剧投资不足。他认为这一结果产生与我国股权激励起步晚，资本市场不够成熟有很大关系；另外由于股权激励集中在董事会 30% 的成员上，激励差异容易形成两级差异、恶化董事会运作效率。

也有学者认为外部董事持股水平与公司财务舞弊或盈余质量间不存在显著关系（Kao 和 Chen，2004）。总体来看，董事股权激励制度有助于减少其道德风险，但前提是必须有相应的制度安排能够有效抑制董事滥用会计政策选择权以谋取私有收益（杨清香，2009）。

（4）董事会专业性与公司治理

董事会的决策需要调动多方面专业知识，因此董事专业背景也是影响董事会治理的一个重要因素。对于处在管控行业的企业，拥有政治、政府或法律背景的独立董事通常将发挥更大的政治作用（Agrawal 和 Knoeber，2001）。Guner 等人研究发现，董事会成员的财务背景对于公司融资和投资政策均有很大的影响，并对公司绩效产生显著影响。Kim 和 Lim 的研究表明，独立董事的法律、经济和商业背景对企业是非常重要的资源；董事会成员必须形成合理、高度互补的专业结构。

在董事会下设立专业委员会是保证董事会专业性的重要举措，可以弥补其在专业知识方面的不足，克服董事会作为单纯"会议体"、议事频率有限的缺陷，有利于更好地发挥独立董事作用（杨海兰，王宏梅，2009）。专业委员会是由董事会设立、由董事组成、行使董事会部分权力或者为董事会行使权力提供帮助的董事会内部常设机构。现有实证研究多支持专业委员会对董事会治理的积极作用。例如，牛剑波、刘绪光以是否存在治理溢价作为衡量标准，研究沪深上市公司董事会专业委员会的有效性，发现设立提名委员会、战略委员会和审计委员会的企业给投资者带来了更高的治理溢价，这也与麦肯锡公司在 2000 年和 2002 年对投资者进行的两次调查结论相一致。

（5）董事会人口特征与公司治理

董事会是公司高层梯队的组成部分。兴起于20世纪80年代的高层梯队理论认为，管理者的认知结构和价值观决定着其对信息的解读能力，进而影响其战略选择和企业行为。高层管理团队的认知能力、感知能力和价值观等心理结构决定了战略决策过程和对应的绩效结果。不过，由于高层管理团队的心理结构难以测度，可度量的人口背景特征（如年龄、职业、教育、任期等）与管理者认知能力和价值观往往密切相关，一些学者尝试通过人口特征研究管理团队与企业绩效之间的关系。

一些研究重点关注董事会构成中的性别比例问题。Carter等研究了《财富》1000强样本公司，发现女性董事比例与股东价值间显示出显著正向关系。Rose采用1998—2001年丹麦上市公司的数据分析了公司绩效与女性董事比例之间的相关性，没有发现两者之间存在任何显著关系。他们认为原因可能是，样本公司高层职位大都被男性占据，女性董事比例普遍过低，以至于后者的优势无法得到应有的发挥。部分学者通过实证研究发现，董事会性别多元化与公司绩效之间可能并不存在直接的因果关系；性别多元化可能不会对组织绩效产生任何影响（刘绪光，李维安，2010）。

此外，董事会成员的年龄、工作时间同样受到关注。由于个人经验技能通常根植于他的年龄、受教育程度和经历，这方面的人口特征就可能影响着公司绩效（Kor和Sundaramurthy，2009）。Kim和Lin发现，董事会成员年龄上的多元化对公司价值有正面作用；合理的年龄结构使得年长者的经验、稳重与年轻人的创新活力有机结合

（谢志华等，2011）。

3. 研究评述

综上所述，主流理论针对董事会治理开展了大量研究，围绕规模、结构、激励等问题展开探讨，形成了一定成果，认为保持适当规模、增加独立董事比例、采取适当激励对董事会治理有提升作用，各国依此在公司治理实践中进行了调整和完善（李维安等，2009）。然而，前述研究依然存在着一些局限。

（1）对静态特征的过分关注导致对行为过程的忽略

由于董事会行为隐藏于幕后、不易为外界观测，现有研究主要集中在董事会规模、独董比例、性别比例等外在特征上，对董事会的行为和运作过程关注严重不足；这种局限直接导致理论研究无法回答一些直观感受到的实际问题，例如：为什么形式上独董比例极高的安然集团、雷曼公司董事会在关键决策中并未秉持独立，而是倒向管理层一边？为什么集中了各界智囊与精英的董事会依然在重大战略决策中失误？形式上采取集体合议制的董事会制度，为什么在现实中给社会大众留下"一言堂"的印象？事实上，从外在特征到最终结果，中间横亘着行为过程；恰恰这种行为过程，被以往研究忽略。

（2）囿于委托代理框架和理性人假设，忽略认知心理影响

主流研究秉承理性人假设，假定经济主体基于自我效用最大化原则行动，能够对信息进行正确的加工处理，并对环境做出无偏差估计；认为董事违背股东利益、工作懈怠主要是源于委托代理矛盾和激励不相容，未能考虑董事或董事会群体心理因素。按照上述思

维逻辑，解决董事会治理失效的"灵丹妙药"一是强化激励以促进利益协同；二是强化法定责任，加大监督。然而，二十多年来的实践未能解决治理失效问题。

事实上，公司治理从根本上讲是人的治理。在公司治理中，人的行为更多是指人的决策行为；传统公司治理的"理性人"假设是一种"实质理性"，忽略了决策行为过程的分析，完全以偏好一致性和效用最大化对人的行为进行解说，与现实中的情况并不相符。具体到董事会，心理因素不仅仅作用于董事个人，更多时候还可能通过群体行为表现出来。比如，在董事会表决中，一个常见的非理性特征就是对权威的"不加思考的顺从"。法学家 Morck 指出，公司治理丑闻很多时候是由董事们"错置的忠诚"纵容的，CEO 过高的权威导致董事们把对股东和公司的责任转变为对 CEO 个人的服从。另一个常见现象是群体思维。法学家 Bainbridge 认为，集体决策过程中容易出现某些独特认知偏差，如"群体思维""社会闲散"，并可能带来独特的代理成本——比如，群体成员受到群体规范的压力，不愿表达不同见解。这种对非理性心理的忽略，导致了主流研究在解释现实问题上的乏力。

此外，在实证研究方法上，主流研究较多使用公司财务绩效代替公司治理有效性，这种做法可能带来研究结论的偏差。事实上，董事会治理是否有效，取决于其能否有效开展监督和战略咨询活动。由于董事会并不直接参与公司的经营管理；一个优秀的董事会有助于企业的长远稳健发展，但未必带来短期财务绩效的改善；反过来看，一个财务表现优异的公司，是否真的能够在长久时间范围内给股东创造财富，也是值得怀疑的。

基于上述局限性，Pettigrew 等学者呼吁在后续研究中，更多地考虑行为过程和心理因素的影响，以期提出更加符合现实条件的政策建议。

（三）董事会治理的行为心理研究与评述

1. 相关研究

自 20 世纪 90 年代以来，不断有学者指出，单纯从投入跳跃到产出的研究思路是危险的，它忽略了一个重要方面，那就是介于两者之间的董事会行为过程（Johnson 等，1996）。他们的观点得到了实务界的响应。一方面，日益发展壮大的机构投资者加大了对公司董事会行为的监督；另一方面，监管部门对董事会行为的法律规范提出了更加明晰的要求。一些公司开始有意识地加强对董事会行为的自我评估。例如，著名的调味品生产商 Campbell Soup 曾经在自我评估报告中如下陈述："（董事会）未能就长远战略规划投入足够时间；一些成员在会议中不发表意见；部分专业委员会的报告质量有待提升；董事专业技能需要进一步拓宽和多样化……"（Byrne，1996：98）

尽管发展历史较短，尚未形成成熟的理论框架，近年来有关公司治理的行为心理研究逐渐涌现，为解释现实世界中的问题提供了新的思路。

通过借鉴组织行为学、社会学与心理学的相关成果，Forbes 和 Milliken 提出了"董事会特征—行为过程—治理有效性"模型，又称 IPO（Input – Process – Output）模型。不同于主流的 IO（Input – Output）模型，他们将研究重点放在既定董事会特征条件下，董事会行为过程对治理效果的影响上。他们认为，董事会行为过程的关键要素可以归纳为 3 个方面，即努力范式（Effort Norms）、认知冲突（Cognitive Conflict）和知识技能运用（Use of Knowledge & Skills）。

他们所说的努力范式是一个团队层面的概念，是指团队关于成员个人努力水平的共同预期。团队范式会极大地影响每一位成员的行为；高水平的努力范式会敦促成员更加努力工作，有利于团队目标实现。联系董事会工作实际，努力范式可以通过董事会的各种行为预期加以评估，如是否在会议召开前审慎甄别管理层提供的信息；是否对讨论事项进行事先研究；是否在会议过程中进行记录；是否积极参与会议讨论；等等。

认知冲突是指董事会成员基于具体讨论事项的判断上的差异。心理学研究表明，认知冲突容易在相互依赖、决策任务复杂的团队中出现，董事会刚好符合这些特征——作为一个合议团队，董事会面临的是关系发展战略的复杂事项，团队成员容易产生分歧（Dutton 和 Jackson，1987）。然而，现实中不同董事会出现意见纷争的程度存在较大差异（Byrne，1997）。从理论上看，认知冲突首先会影响董事会监督控制的效果。因为认知冲突是一个批判和调查式的互动过程，董事会意见分歧和批判式调查迫使 CEO 就其重大战略事项的立场做出更多解释说明，必要时加以修改或采取其他方案。董事会的认知冲突还会提醒管理层重视董事会权力，以及对股东利益的保护。认知冲突对于董事会发挥战略职能同样具有重要意义。

在不确定性条件下，董事会内部的不同意见为管理层提供更多的思路和方案，因而有助于提高战略决策的质量（Eisenhardt，1997）。Wanous 和 Youtz 曾研究发现，意见多样性对团队决策的质量有积极作用；Schweiger 等人同样发现，一些冲突引诱技术提高了团队战略决策的效果。不过，认知冲突对团队工作绩效的影响并非有利而无害。冲突带来的负面情绪可能降低团队成员间的吸引力。一些学者研究发现，在认知冲突特别显著的团队中，成员对团队的满意度下降、甚至产生离开的想法（Jehn，1995）。Mace 对一些公司董事会的研究表明，在冲突频繁的公司，董事敬业态度显著下滑。

Forbes 和 Milliken 强调董事会成员仅仅拥有知识技能是不够的；知识技能的运用才是影响董事会绩效的过程变量。在他们看来，董事会成员拥有知识技能并不意味其会得到真实利用。知识技能运用要求团队成员能够在彼此尊重信赖的基础上，通过互动合作、集体学习而使团队过程损失最小化。无论是监督控制还是战略服务，董事会都需要发挥各位成员在法律和战略方面的特长，整合其关于公司内部事务的信息和判断；在此基础上以一种创造性的协同方式开展工作。不过，知识技能的运用如何观测和量化还是一个难题。他们建议，可以采用里克特量表方式，邀请被调查者就如下陈述做出判断，如"董事会成员清楚地了解彼此的特长"；"任务分配与各位成员的专长相互匹配"；"决策事项讨论中，最了解该事项的人拥有最大的影响力"；等等。

Forbes 和 Milliken 的模型将董事会治理研究聚焦到一系列过程因素上，为从行为过程视角研究董事会治理提供了一个理论框架。然而，在他们的模型中，一些关键性的过程变量如知识技能运用、努力范式等概念较为抽象，在实证研究开展上存在着测度困难。

在他们的模型基础上，Zona 和 Zattoni 设计了一个更为简化的模型和更为详细的问卷量表，以期将前述过程要素定量化。他们将董事会视为组织情境中的工作团队，将其主要职责区分为控制、服务与提供资源——控制是指代表股东行使监督的职责；服务是指董事会进行战略决策、或为管理层提供战略意见的职责，提供资源则是指董事会，尤其是外部董事为公司发展提供关键性资源的职责。通过对意大利301家大型公司 CEO 的问卷调查，研究发现：董事会的知识技能运用、努力范式强度对其三个方面的职能发挥均存在显著正向作用；认知冲突在5%的显著性水平上对于董事会资源职能发挥具有积极作用，对于控制、服务职能发挥影响不显著。他们的研究为董事会行为过程相关性提供了重要的经验证据。

Ees 等人在 Zona 和 Zattoni 的行为过程模型基础上进一步引入了董事会—CEO 信任关系变量。他们认为，信任关系影响董事会和管理层的信息分享与合作，因此可能对董事会各项职能的发挥产生重要影响。通过对荷兰136家公司董事会和高管的调查发现，董事们知识和经验的运用对董事会监督及战略职能发挥存在着显著正向影响；董事会议事过程中的认知冲突对监督职能的发挥存在积极影响，但对于战略职能发挥存在负面影响。信任关系在董事会知识经验运用与监督职能发挥之间具有负面调节作用；然而对于另外两个行为过程要素对董事会职能的影响，信任关系的调节作用并不显著。

由于结构化模型中所涉及的大量变量在公开数据库中难以获取、

也难以量化，一些学者尝试使用小范围访谈数据开展研究。Roberts
等人曾经对公司董事开展过 40 次深入采访，他们在访谈中发现，积
极的董事会议事氛围或董事会决策文化对提高董事会治理效率至关
重要。他们将积极的董事会决策文化描述为富于挑战、质疑、探索、
探讨、检测、信息沟通、辩论、鼓励等。

　　此外，Huse 围绕董事会责任（accountability）和责任实现（cre-
ating accountability）搭建了一个包括治理情境、内外部作用者及相
互作用、董事会特征、决策文化等要素在内的理论框架。在他看来，
董事会决策文化中的关键要素包括认知冲突、凝聚力、创造性、忠
诚度、批判性、关爱、共识等，它们反映了一个公司董事会的决策
过程与决策文化。

　　Sharpe 借鉴组织行为的有关理论，将高效董事会决策过程中的
关键要素总结为前瞻性的信息把握，多样化的信息渠道，积极主动
的目标设定参与，以及组织内部的建设性冲突等。他尤其强调董事
会信息获取的重要性。在他看来，多样化的信息搜集渠道有助于减
少经理人自身偏误，有助于董事会识别更大范围的问题和机遇，为
董事会提供不同的视角，克服经理人在报告过程中的误导和偏见，
改进董事会分析和决策的质量；多元化的信息渠道能够让董事会更
多地思考和质疑经理层的提议，在此基础上提出更有实际意义的建
议。Sharpe 尤其强调，董事会获取的信息应当具有前瞻性和准确性，
以保证其正确判断未来的机遇和挑战。

　　与上述学者对社会心理的关注不同，更多学者倾向于选用容易
观测的行为要素如会议情况考察董事会行为。一些学者认为，董事

会会议频率在一定程度反映了董事会工作的努力水平，是影响董事会监督效率乃至公司价值的重要因素（Vafeas，1999）。董事会议是董事们沟通信息、协调工作、行使监督权力的重要渠道（Jiraporn等，2009）。董事会议次数越是频繁，则董事会成员投入公司事务的精力越多，因而为股东利益服务的效果越好。Lipton 和 Lorsch 曾指出，现实中公司董事们普遍面临的问题是缺乏足够的时间完成其被赋予的职责。他们建议，公司董事会至少应当每 2 个月举行 1 次会议，每次会议（包括下设委员会讨论）至少应当持续 1 天，方有可能切实履行职责。Conger 等人也认为，董事会花费足够的时间会面商议对于提高董事会治理效率来说是十分必要的。然而，不同于前述观点，也有一些学者认为，董事会会议的作用被夸大了。Jensen指出，事实上公司外部董事会面时间都非常有限，仅有的时间也多用于董事会成员之间或是董事会与经理层之间的沟通交流。此外，董事会会议日程表通常是由 CEO 决定的，由于后者常将议题设定为日常经营事务，这就妨碍了外部董事充分行使监督职能。在他看来，除非是危机当头，董事会表现一般是消极的。一些学者从实证角度研究了董事会会议行为对公司价值的影响。Lin 等人使用董事会议出席情况作为董事会监督效率替代变量，研究董事会议出席情况的影响因素及其对公司绩效的影响，发现较高的董事会议出席率通常伴随有较高的财务绩效，认为董事会会议出席情况对监督职能发挥有积极作用。然而 Nikos 研究发现，董事会会议频率与公司绩效之间可能存在反向关联；他认为过于频繁的会议往往是业绩下滑时的被动举措。

2. 研究评述

从行为心理视角对董事会治理展开研究，有助于弥补主流研究的不足，打开董事会治理的"黑箱"，探寻现实条件下董事会失效之谜，为未来的治理改革提供更有针对性的意见和建议。然而如前述，这一领域的研究尚处于起步阶段，成果尚十分有限。

由于董事会决策过程涉及的行为和心理要素极其庞杂，有关董事会行为心理对治理效果的影响研究显得支离破碎，尚未形成清晰的研究框架。前述 Forbes 和 Milliken 模型重点关注董事会努力范式、认知冲突和知识技能运用，使研究深入到董事会内部，相较于主流研究将董事会视为一个整体的做法是一个重大的进步。然而模型中提出的一些概念，如"努力范式""知识技能运用"等比较抽象，一定程度上可能妨碍相关调查工作的开展。Ees 等人在此基础上引入了董事会—管理层信任关系因素的影响；Sharpe 重点关注信息和认知冲突对董事会决策过程的影响；Huse 提出了一个较为全面的理论框架，涵盖董事会治理情境、内外部相互作用、董事会特征和决策文化等，然而由于囊括因素繁杂，也造成该模型实证应用上的困难。

此外，相关实证研究十分匮乏，并且存在着以下困难。

（1）董事会行为的观测与测度

董事会通常是在幕后发挥作用，行为难以为外界观测。证券市场公开披露的董事会信息多为董事会规模、构成等特征因素，对于董事会行为过程则罕有披露。此外，在证券市场公开披露信息的董事会多为上市公司等大型公司董事会，规模较小的公司难觅身影。这意味着相当一部分研究需要借助调查访谈等形式开展。与此同时，组织行为的度量也是一个普遍存在的难题。过往研究多采用可观测行为加以度量，诸如董事会会议频率、会议出席率等，对心理和认知方面的因素考查较少。

（2）治理有效性的测度

在董事会治理有效性的测度上，依然存在着与主流研究相同的问题，即大多采用公司财务绩效作为替代变量，忽略了两者间的复杂关系。事实上，现代公司董事会职能主要体现在监督、战略和服务3个方面；卓越董事会有助于公司长期稳健发展，却未必带来公司短期财务绩效的改善。因此，这种度量董事会治理有效性的做法难免存疑。

因此，有必要在现有研究基础上进一步筛选影响董事会治理的关键因素，构建可供检验的变量和模型，以推动董事会治理研究的深入。

理论篇

三、董事会的团队属性及其特殊性

（一）董事会的团队属性

作为现代公司的核心治理机构，董事会是由多个成员组成的集体议事单位，通过合议方式实现对公司管理层的监督，为公司发展把脉并适时做出战略性决策。因此，董事会首先是一个决策团队，具有工作团队的一般特征，是"在组织情境中完成一项或多项任务的完整的社会体系"（Bettenhausen，1991）。

Kozlowski 和 Bell 将组织环境中的团队定义为履行组织有关任务而存在的集体，他们分享一个或多个共同目标，成员之间体现社会互动，任务相互依赖性，共同维护和管理边界，同时嵌入在组织环境中。现代公司董事会完全符合上述特征。首先，董事会成员追求共同的目标，那就是通过履行法律赋予的监督、战略和服务职能，努力为股东及相关利益者创造价值；其次，受个人知识、经验和能力所限，董事会成员需要相互依赖、通力合作方可保证上述职能实现，他们必须以团体而非个体的形式参与管理。董事会不是分散个体的简单加总，而是作为一个合作团队，通过沟通、合作、辩论，共同协作创造价值（Forbes 和 Milliken，1999）；再次，董事会的作用发挥是在公司治理的框架下展开，这个内部治理环境无疑会影响它的运作。因此，董事会是一个在组织中，为了特定目标，由具有独特技能背景的成员个体相互依赖、共同合作组成的社会系统（Cascio，2004）。不仅如此，董事会在公司控制权中的特殊地位决定了它是高阶管理团队的重要组成部分①。

　　明确董事会的团队属性对于深化董事会治理研究有着重要的意义。

　　首先，它启发我们关注董事会团队的异质性及影响。以往的董事会研究，多将董事会视为一个同质化的整体，使用平均年龄、教育程度、任职时间、工作年限等描述其特征，容易忽视董事会成员在经验和认知方面的差异性。事实上，与单一个体相比，团队成员管理特质丰富得多，既有同质性，也有异质性。同质性是指团队成员某些重要特征、态度、价值观趋同；在相对简单的环境下，同质性可以提高团队的识别力和内聚力，使团队沟通方便、快捷，促进绩效提高，但也容易使成员思维缺乏差异、对潜在问题不够敏感。异质性则是指成员之间的差异，包括认识性差异与经验性差异。Hambrick 和 Mason 认为，异质性对于担负战略任务的团队具有非常重要的意义，可以带来思维方法和观点的多样性，让决策者更有适应性和创造力；然而团队异质对组织绩效的影响具有不确定性，可

---

　　① 　高阶管理团队是组织中主要承担战略决策职责的高层管理者组成的团队，是决定组织发展、影响组织绩效的核心群体。公司制企业中的高阶管理团队一般由董事会成员及正、副总经理，以及其他共同参与战略决策的高管组成。

能因社会背景或公司战略而改变。相对而言复杂情境下，比如公司面临重新定位、技术变革或领导人继任，管理团队异质性的积极作用将更加显著。

其次，它启发我们关注董事会内部运作中的冲突行为。如同其他工作团队，董事会内部有合作，也有冲突。以往研究注重合作，将董事会视为一致行动主体，忽视了内部冲突的影响。事实上，团队内部永远存在着冲突。Boulding 将冲突界定为对团队内部差异性、不相容性的期望。Amason 和 Schweiger 将团队冲突区分为认知冲突和情感冲突。在他们看来，认知冲突具有功能性和任务导向特点，是在追求共同目标过程中判断力上的差别，在高管理团队中不可避免；情感冲突则具有非功能性特点，主要是情感方面的不相容或相互怀疑；当认知差异被团队成员理解为个人批评时，情感冲突就会在高管团队中产生。

再次，作为团队的董事会与作为个体的董事在认知规律上存在一定差别。Charness 和 Sutter 曾经通过实验方法，对比研究了群体决策与个体决策的差异，发现相对而言群体能够更好地规避某些类型的认知偏误，做出符合自身利益的理性选择；也能更好地进行自我控制和提高工作效率。他们认为，造成这种差异的原因是团队成员在形成决策的过程中自觉不自觉地对他人立场做出预判，从而沟通并协调。当然，也有研究表明，团队在较好地克服某些个体认知偏误的同时，也可能形成新的认知偏误如群体思维，需要引起特别警惕（Turner，1998；Bainbridge，2002）。

（二）董事会团队的特殊性

董事会是一个工作团队，但又是一个非常特殊的团队。其特殊性主要表现在以下几个方面。

1. 构成和规模的特殊性

首先，董事会面临的任务具有复杂性和多面性，很多关系到公司的战略走向。Fama 和 Jensen 将董事会形容为"现代公司决策控制体系的至高权力机构"。由于职责特殊性，董事会成员必须具备开展监督、战略咨询和决策的必要素质，因而呈现出"精英化"特征。以我国 A 股上市公司为例，根据国泰安上市公司高管数据库提供的数据，2015 年底在职 13431 位董事中 74.1% 以上拥有本科以上学历，其中硕士以上学历占 40.80%；79.9% 拥有技术、市场营销、管理、财务金融或法律方面的专业背景。

其次，董事会团队包含一些"外部人士"，即外部（非执行）董事。这些外部董事主要供职于其他机构，董事只是他们的一项"兼职工作"，因此他们对公司事务的了解和认识不及内部（执行）董事。

再次，董事会规模通常超过一般的工作团队。Eisenhardt 和 Bourgeois，Jehn 等人研究表明，企业高管团队规模通常在 5～9 人左右，平均约 5.9 人；董事会规模一般则在 5～19 人，通常为 13 人左右（Monks 和 Minow，1995），明显超过一般的高管团队。

2. 决策内容的特殊性

团队决策内容包括程序化决策与非程序化决策。程序化决策是指经常重复发生，能按照既定程序、方法和标准进行的决策。程序化决策的主体一般对所处理问题的场景比较熟悉，能够对出现的问题选用既定方案化解。非程序化决策又称非常规决策、例外决策，是指具有极大偶然性、随机性，无先例可循、具有高度不确定性的决策活动，其方法步骤难以程序化、标准化，不能重复使用，这类决策在很大程度上依赖于决策者的知识、经验、洞察力、逻辑思维判断以及丰富的实践经验。

由于董事会并不参与企业的日常经营事务，只是就企业发展的重大事项进行决策，因此董事会所要进行的重大决策通常是非程序化的。这些决策面对的是非常规场景，需要董事会量体裁衣，拿出富有创造性的解决方案。这意味着，董事们仅仅依赖过去的经验和数据是不够的，他们更需要对公司的透彻了解、及时获取相关市场信息以及做出创造性的反应。在这个过程中采取何种行动以及行动可能产生何种后果都充满不确定性。相比于程序化决策，非程序化决策需要决策主体掌握更多的信息以及更强的信息处理能力（叶蓓，2014）。

近年来，为增强董事会独立性，许多国家都日益重视在公司制企业中引进独立董事。然而独立董事能否胜任非程序化决策任务存在一定的疑问。Sharpe 认为，独立董事对企业了解有限，缺乏对面临问题的贴身观察和体会，因而在决策中会处于较内部董事不利的地位。当经理人将推荐方案拿到董事会圆桌以供讨论时，独立董事的这种信息劣势可能使得其无法客观、独立地对现实状况和提议进行评估，也会妨碍他们对经理层实施监督。

3. 决策模式的特殊性

组织决策模式大体可以划分为 2 类，即古典决策模式和行为决策模式。古典决策模式又称理性决策模式，通常假定决策主体对于决策主题涉及的各种问题、解决方案以及可能产生的后果有着充分的了解。作为一种规范式决策模式，它规定决策应当如何做出。

有别于此，行为决策模式的前提是承认有限理性，即决策主体面对着大量的不确定性，关于决策事项的解决思路及其可能产生的后果他们无法拥有完善的信息（Hunt 等，2008）；组织行为学、行为经济学、行为法学多采用这一观点。现代公司制企业中，董事会并不负责公司日常经营管理，而是对涉及企业未来发展的重大事项，如重要的投资项目、并购方案、关键管理人员的选聘等进行决策，决策者据以判断的信息存在明显的不确定性，因此董事会决策模式多属于这一类型（叶蓓，2014）。

行为决策模式又存在几种不同的决策过程，最常见的区分是共识型决策和权威型决策。共识型决策谋求获取参与者多数成员的同意，同时努力解决和减轻少数人的反对以达成最大限度的意见统一。这类决策过程在参与者利益取向相似、信息获取渠道统一时更容易实现。与此不同，权威型决策则是由一部分人代表企业全体进行决策，这种决策过程常常出现在参与者信息不对称或利益取向不同时（Bainbridge，2004）。由此看来，董事会决策兼具外部权威性决策和内部共识性决策的特点。从外部看，董事会处于现代公司制企业权力阶层的顶层（仅次于股东大会），各国公司法都给予其以至高的法定权威。而且，由于经理层和董事会存在不同的利益取向和信息不对称，使得董事会有必要进行权威型决策。但是从内部看，董事会决策采用集体投票机制；尽管董事会成员背景和来源不同，外部董事和内部董事有着不同的利益取向和信息获取渠道，但董事会作为一个团体决策机构，接受股东大会的委托，对经理层实施监督和服务咨询功能，因而又具有共识性决策的特征。任何一项重大决策在达成之前，需要赢得董事会成员的多数同意，解决和减轻少数人的反对以达成最多同意的决策。

此外，跟一般工作团队不同，董事会不是常设机构，集体议事的次数一年不过几次。董事会专业委员会的出现一定程度上可以增加团队内部成员的沟通合作，然而尽管如此董事们每年投入公司事务的工作时间还是相当有限，可能最多2个星期。

总体而言，董事会可以概括为规模较大、精英化、偶发性决策的工作团队，它所面临的是与公司战略相关的复杂任务（叶蓓，2014）。由于董事会并不具体负责决策的实施，其工作效果也就难以直接量化。Steiner认为，由于董事会规模较大，决策行为带有偶发性、团队成员间存在相互依赖，董事会容易出现"过程损失"，即成员间磨合困难从而妨碍组织充分实现自身潜能。因此，董事会治理的有效性在相当大程度上受到社会心理过程的影响，其中特别重要的如信息交换、批判性讨论、团队参与和互动等（Jackson，1992），这些理当引起董事会治理研究的重视。

四、信息与董事会治理

（一）信息：董事会治理的基础

完整、准确、及时的信息是科学决策的基础。董事会要想充分行使监督、战略和服务作用，离不开信息的掌握。

董事会可以从内部和外部两种途径获取信息，其中内部官方渠道是获取信息的主要渠道。公司制企业通常建立有自己的内部信息汇报制度，一般原则是：1. 董秘向董事会、监事会提供信息；2. 需经董事会商讨决策的重大事项，应当在法定时间内向全体董事提供充分资料，保证各董事得到同样的信息；3. 向公司 CEO 报送的生产经营重要信息要同时报送董事长、副董事长；4. 董事会各专业委员会需要的信息由各委员会直接收集，不经由董秘提供；5. 财务经营信息在报董事会前须经 CEO 审核。但以下除外：1. 审计、CEO 业绩评估由审计、人事部门同时报董事会和 CEO；2. 战略制定相关材料由战略规划部门同时报董事会投资战略委员会和 CEO（王中杰，2011）。

董事会从内部常规渠道获取的信息分类参见表4.1。

表 4.1　董事会内部常规信息分类

信息接收者	信息分类
董事会全体	每周证券市场信息
	月度经营财务信息
	季度综合信息
	不定期重大决策背景参考资料
董事长/副董事长	每周经营简报
	向 CEO 报送的其他重大信息
董事会下设专业委员会	审计信息
	战略投资
	任命与薪酬考核

资料来源：王中杰. 董事会治理［M］. 北京：中国发展出版社，2011.

在公司内部，基层员工、管理层、董事会分别进行着信息处理，一般情况下信息依次由基层员工、职能部门、高管层传递到董事会，参见图4.1。

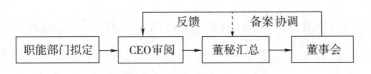

图 4.1　董事会信息传递的一般流程

当然董事会也有一些信息来自公司外部，主要是宏观政策、市场和行业环境方面的信息。但是内部信息、特别是管理层或企业职能部门提交的信息始终是董事会最重要的信息来源。内部信息传递是否有效直接关系到董事会能否形成正确决策。

（二）董事会治理中的信息风险

现代公司治理存在两层委托代理关系：一是股东与经理人之间的委托代理关系；二是董事会与经理人之间的委托代理关系。如同所有的委托代理关系一样，作为委托人的董事会由于不直接参与公司日常经营，与经理人之间存在着严重的信息不对称；董事会用于决策的信息极大程度上依赖于经理人的供应。虽然专业委员会可以直接从相关职能部门收集信息，然而受管辖权影响，职能部门的信息供给事实上会受到公司 CEO 的干扰和控制。

总的来说，董事会及其战略委员会在搜集信息方面存在着一些风险：

其一，是信息不完整的风险。由于董事会和公司管理层之间存在监督与被监督的关系，出于私利，管理层及其所控制影响的职能部门有可能在信息传递过程中过滤掉对自己不利的信息，影响董事会的决策和判断；

其二，是信息失真的风险。同样由于上述原因，公司管理层可能伪造甚至篡改向董事会提供的信息，造成信息失真，最终影响董事会决策。

其三，是信息不及时的风险。即使管理者没有主观恶意，内部信息逐级上报都会消耗相当的时间；如果管理者由于某些原因故意延迟上报，信息时滞就会更加严重。这在公司面临一些重大事件时，可能使得董事会无法第一时间做出应对，甚至导致公司陷入危机。

不仅如此，外部董事、特别是独立董事的存在进一步加剧了董

事会信息劣势。最近几十年来，为强化对经理层监督、增强董事会
独立性，各国公司治理实践纷纷增加董事会中独立董事席位。独立
董事的引入在一定程度上有助于增强董事会独立性，然而相较于执
行董事，或是其他关联董事，其对于公司事务的了解非常有限，只
能依赖公司管理层提供的有限信息。此外，独立董事往往"身兼数
职"，投入公司事务的时间和精力更是有限，这将进一步削弱董事会
信息地位。这种情形在近年来独立董事意见公告中已经得到反映。
据统计，2011—2015 年我国沪深 A 股上市公司先后聘有独立董事
6312 人，仅 200 位独立董事曾经就会议议案提出过质疑；其中 15 人
次明确表示无法获取与表决事项相关的足够信息。[①] 由于并非所有
信息不足问题都会被独董意识到并承认，实际情况可能远超这个
数字。

（三）信息劣势对董事会行为过程和决策的影响

董事会治理职能突出体现在重大事项决策上，其在公司战略构
想、战略决策、战略计划乃至战略执行方面的话语权高于经理层，
两者职能各有侧重。然而，深入探察董事会决策过程不难发现，由
于信息不对称，经理层在关键问题上影响无处不在，极大地影响着
董事会作用发挥。

大多数公司董事会决策过程可以简要概括为识别、分析、选择
或应对、批准、实施等 5 个环节（Sharpe，2012）；各环节环环相
扣，影响和改变着后续环节（如图 4.2）。表面看来，重大战略最终

---

① 参见第九章。

由董事会拍板并安排实施，然而决策形成的每一步都会受到经理层显著干预，从而使董事会的实质权力下降到从属地位。

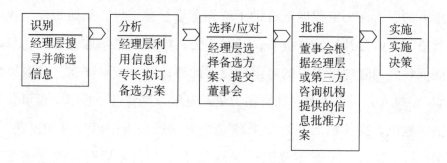

图 4.2　董事会决策过程

1. 识别

识别是公司决策的起始阶段，引导公司决策层将注意力聚焦于当前发展的重大问题或重大机遇，为决策提供对象范畴。然而，公司日常经营面临的问题千头万绪，并非所有问题都需要上升到战略决策层面。因此，哪些问题或机遇需要或值得提交公司董事会讨论，这当中有一个筛查和甄别的过程。

作为日常经营管理的责任人，经理层在此具有显著优势。如何搜集议题、选择议题提交讨论以及安排讨论次序乃至最终决定是否提交该议题，都要受到经理层直接干预和控制。有时候，受个人目标、经验以及利己动机影响，经理人筛查出来的问题或机遇未必是企业当前最重要、最亟待解决的问题。

首先，经理人的个人目标和个人经验使得其能够关注或识别的信息有限，存在认知偏误。具有技术背景的领导人可能不熟悉营销，容易忽视营销发展中的关键问题，从而导致营销业务无法顺利推进；

相反，具有营销经验的领导可能因为不熟悉产品研究中的技术问题，而忽视了对研发部门的投入，造成产品竞争力削弱。

其次，经理人利己动机可能导致识别过程的偏差。如果经理人发现某个问题的提出可能威胁自身地位或对其信誉产生不良影响，他可能会有意淡化高层对此类问题的注意；相反，如果某类问题提出并得到解决，将有助于自身地位的巩固，能够让自己获得更多有形无形的权力，他在搜集信息方面一定会变现得更为积极。正如前例所述的两类经理人，出于一己私利，可能分别将关注的重点放在自身熟悉并具有影响力的研发和营销领域。这种选择性的信息搜取，可以理解为一种出于利己动机的故意行为。除此之外，经理人还常常出现一种非有意的"选择性失明"，即按照对自己有利的方向来思考问题，对那些于己不利的信息统统视而不见。在现实生活中，常常看到一些风格激进的企业领导人不顾外界批评，妄自推进扩张战略。在这种不管不顾行为的背后，往往是经理人对不利于自己的评价一概漠视造成的。总而言之，利己动机造成经理人可能有意或无意地在识别阶段错误地搜集、筛查和甄别重要信息，从而为从战略决策之始埋下隐患。

与经理层相比，董事会在识别阶段的角色是被动的。企业成功与否与决策者掌控的信息有关。识别和发现问题是决策的出发点，从这个意义上看，经理人掌握着更多的主动权。由于直接参与日常经营运作，他们在设定公司议事内容方面享有独一无二的便利，因而成为公司内部权力的一个重要力量。

2. 分析

识别是决策的第一步，决策者接下来需对所发现的问题或机遇进行分析，研究该问题可能给企业带来哪些成本或效益，企业可以采取的应对措施以及这些措施的实施效果等。分析的过程无疑需要大量信息。现实条件下，由于各种限制，信息不可能是充分和完善的，这就要求对企业经营更加了解的经理层对信息加以筛选和诠释。从这个意义上说，董事会再次置身于被动的境地——识别问题的是经理层，分析问题的是经理层，就连提出推荐方案的也是经理层——董事会成了信息的被动接收者。

当然，有时候公司高级经理层可能把某个范畴的分析任务授予下级单位执行，即便是这样，经理的影响力还是不可忽视的——因为经理人一般会选择支持他的下属来完成这一任务，这样，分析过程便还是受到经理个人认知偏误和局限性的影响。

3. 选择或应对

在分析公司面临的形势后，经理层将根据自己的判断、挑选备选方案供董事会讨论。事实上，每种备选方案都可能产生特定的后果；然而由于有限理性作用，人们通常无法全面认识每个备选方案的潜在后果，从而做出科学研判。更多时候，他们只能根据已有的知识、信息和经验，提出有限方案作为备选。而且，受成本限制，大多数行为主体的决策目标不是做到"最优"，而是追求"满意"，即在有限的选择中寻找令人满意的方案，只有极个别情形下，才可能达到最优境界。具体到公司决策，首先，经理层的有限理性直接影响和妨碍其备选方案的形成；其次，作为直接的信息来源，经理层需要就备选方案与董事会进行沟通，沟通过程中可能发生信息扭曲甚至信息截留。这样，董事会在做出决策的时候，所依赖的信息远远少于经理层事实上掌握的信息。即使事前充分准确地把握了当前面临的关键问题，由于在备选方案获取上处于被动地位，董事会很难保证摆在议程上的方案是较优的方案。

4. 批准

在整个决策过程中，批准是董事会最终行使发言权的环节。不过，由于前述问题的存在，很多时候这种审批更像是一种形式。由于经理层在信息方面占据绝对优势，提交董事会审批的事项无一不是经过其此前的识别、筛选和分析；某些事项甚至在经理人职权范围内就已经最终决定。不仅如此，经理层还可以设定董事会议事日程，直接操纵、控制董事会获取信息的时间、内容和形式。此外，董事会内部中的外部董事更是扮演着信息的被动接受角色。经理层的认知偏误容易限制董事会可能获取的信息，他们甚至有可能利用这一信息优势，通过屏蔽或导向特定信息，引导董事会做出有利于自身的决议。

5. 实施

与前几个环节相比，实施阶段经理层几乎拥有绝对的主动权。事实上，经理层的主要职责之一就是负责公司的日常运营和管理，因此，对于如何执行董事会决议他们拥有相当大的裁量权。由于董事会批准的措施往往也是由经理人提出的方案，因此执行决策已经不构成任何问题，真正的问题仅仅在于，经理人执行决策的方式是否与董事会预期一致，是否与公司的长远发展一致。

上述董事会决策过程的分步解析表明：现实条件下董事会的信息获取劣后且过分依赖于经理层，由此造成其自身的被动地位。作为决策权力部门，董事会只有具备了充分、及时、准确的信息，方有可能做出适当决定。决策过程的前三个环节，即识别、分析和应对或选择备选方案，对实现决策控制、体现董事会权力至关重要。然而，在这些环节上，经理人明显处于优于董事会的有利地位，其原因就在于他们积极地参与日常经营运作，对公司营运中的各种问题掌握有第一手的资料，具备明显的信息优势。因此，在信息搜集和处理上的被动落后，可能是造成董事会事实权力与法理权力背离的重要原因，这一点理应引起警觉，并对现实中的董事会治理产生警示。

信息劣势在外部董事、特别是独立董事身上体现得最为显著。由于近年来许多国家要求公众持股公司董事会增加外部独立董事，这一做法可能会进一步加大董事会与企业间的隔阂，导致重大事项上反应迟钝或决策失误。从获取信息的便利角度来看，聘用执行董事也许反而更加奏效。

此外，董事会成员的从业经历和背景也会影响其获取决策信息的便利程度。如果董事会成员对公司主营业务知之甚少，那么他必然更加容易受到经理层的信息蒙蔽，很难做出独立判断。因此，聘用熟悉并了解公司主营业务的董事成员，对提高董事会治理效率大有裨益。

（四）信息获取：扭转董事会信息劣势

信息不对称是董事会—经理层委托代理关系中一种必然的伴生现象，决策过程中的信息被动局面成为现实当中董事会权力虚置、乃至治理失效的潜在原因。在此情形下，努力扭转信息被动局面十分必要。

一方面，可以考虑通过制度化手段规范和完善内部信息供给。经理层是董事会信息的主要来源。为防止经理人道德风险，尽可能保证董事会成员、特别是非执行董事信息获取及时、准确，应当通过制度化手段建立健全企业内部的信息供给。对于新任职董事，除了安排其与主要高管沟通了解外，还应提供能够帮助其尽快熟悉公司状况的一系列信息，如公司章程及治理构架，近期战略部署及进度，当年财务预算及执行情况，上一年度会议纪要及当前进展中的重大事项，重要法律诉讼或纠纷信息，近期董事会会议文件，以及外部分析师意见等。对于正常运作中的董事会，经理层除定期提供财务报告外，还应尽可能地提供给董事会成员全景式决策信息，如外部经营环境、产品市场、目标客户与主要竞争者、人力资源状况、主要供应商信息等。此外，管理团队变更、风险评估控制、重要股权变化以及上市公司股价变动趋势等都应当向董事会例行报告。上述信息的提供要注意时效性，即给董事会成员、特别是非执行董事留下足够的考虑和准备时间，尤其是面临战略性决策时。

另一方面，身处劣势的董事会应当采取一些积极措施来改进自身信息获取的渠道与方式。

出于自利动机，经理人提供的信息可能不全或失真；信息获取的距离感也会加重董事会权力被剥夺的感觉。因此，董事会应当努力培养和建立独立、多样化的信息渠道。多样化的信息渠道可能来自企业内部，如公司非高管雇员，也可能来自企业外部，如供应商、主要客户，甚至咨询公司、券商、政府监管部门等。董事会成员应该改变被动等待经理层汇报的做法，在适当的情形下主动接近公司员工、客户、供应商甚至咨询公司；有意识地利用自身资源和社交网络，争取获得更多与公司相关的信息，以加深对公司经营的了解、印证从经理人处获得的信息。事实上，随着信息数字化趋势不断增强，董事会远距离获取信息会变得更加便利，独立获取信息并非不可能做到。不过，扩大信息采集渠道的同时需要注意平衡好利用独立信息与尊重 CEO 内部权威之间的关系。有些经理人不赞成董事会私自接触公司员工或靠近其工作场所，担心他们会干涉公司的正常经营（Carter 和 Lorsch，2003）；也有一些董事担心索取信息可能引发与现任 CEO 间的人际关系冲突，制造经理层与董事会之间的紧张气氛（Stout，2001）。因此，要去除董事会获取额外信息的障碍，需要一定的法律保障。

Sharpe 特别强调董事会要注意所搜集信息的前瞻性，更加积极主动地参与公司的目标设定。与经理层不同，董事会的价值主要体现在非常规事项方面，其所面临的问题或场景可能是前所未有的，如 2008 年的次贷危机。由于董事会并不参与日常运作，有关企业的过往经验非常有限，这就使得他们可能在新形势面前手足无措，最后只得默许经理人的做法。因此，董事会要想更好地发挥职能，不仅需要重视掌握和利用过往信息，还要积极把握前瞻式信息，这要求董事会以更加积极的姿态参与公司目标设定、发挥战略规划职能。

就现实情况而言，大多数董事会在公司战略方面的影响仍然十分有限，甚至非常被动——往往是公司经理层识别、选择和评估可能的战略目标，董事会仅仅在审批阶段方才介入。这样的被动参与必然导致董事会在公司治理中的被动局面（乔治，2013）。理论和实证研究发现，管理者自身固有的认知偏误常常导致其过度自信，执着于其主张的方案，而对挑战自身地位的信息带有抵触心理。这一倾向反过来会影响到董事会接收到的信息范围以及据此所提出的建议。因此，要防范这种风险，提高治理效率，董事会应当更加积极地参与到战略形成过程当中，在参与的过程中搜集各种前瞻性信息，与经理层通力合作完成战略规划和目标设定，更好地完成各种非程序性决策任务，以增进公司的价值。

需要注意的是，董事会在战略目标制订过程中的角色主要是参与者、而不是主宰者。一方面，只有让经理层主导目标制订，才能确保其日后有动力按照既定方向努力；另一方面，董事会参与目标制订的初衷本来就是便利信息获取、改进监督职能，而不是直接参与公司的管理。为此，董事会可以考虑采取"议题设置"① 的方法，通过引导经理层的注意与思考实现对战略目标形成过程的参与。

---

① 议题设置理论，最初由美国传播学者麦克姆斯、唐纳德·肖提出。这种理论认为，大众传播只要对某些问题予以重视，为公众安排议事日程，那么就能影响公众舆论。传媒的新闻报道和信息传达活动以赋予各种议题不同程度的显著性的方式，影响着人们对周围世界的大事及重要性的判断。

五、董事会—CEO 信任关系与董事会治理

信息是董事会决策的基础；董事会获得的信息很大程度上依赖于经理层供给。在董事会成员信息攫取水平既定的条件下，有多少信息会被经理层提供给董事会，在相当大程度上取决于两者间的信任关系。

（一）信任的内涵与性质

信任问题早已得到社会学、心理学、经济学等相关学科的关注。不过，基于研究重点的不同，不同学科对于信任的研究角度历来有所不同。

社会学领域将信任视为社会制度与文化规范的产物，认为信任是与社会结构和文化规范紧密相关的社会现象。Lewis 和 Weigert 指出，信任是一种由理性分析和非理性情感共同决定的人际态度，可以进一步区分为认知性信任和情感性信任——认知性信任建立在对他人可信程度的理性考察基础上，而情感性信任则源于强烈的情感联系。

在经济学视角下，信任特指不确定性条件下个体对其他经济行为者合作行动的乐观预期（Guinnane，2005；Bhattacharya 等，1998）。合作对象之间的信息不对称是导致信任关系不确定性的重要前提。在主流经济学的自利与理性假定下，由于个体具有机会主义倾向，信息不对称使得交易中代理人容易利用信息优势有目的地损害委托人利益从而增加个人效用，此情形下的信任意味着委托人相信上述道德风险不会或不大可能发生。

尽管不同学科对信任的内涵解释存在一定差别，但是所探讨的信任基本性质是一致的，即：1. 时间差与不对称性，即承诺与兑现承诺中间存在时间差，信任者与被信任者之间存在信息不对称；2. 不对称信息导致交易的不确定性亦即风险，委托者承担更多风险；3. 由于缺乏客观依据，信任属于一种主观倾向和愿望（郑也夫，1999；何立华，2009）。组织行为学研究表明，信任关系对于团队成员协同关系的构筑特别重要（王绍光，刘欣，2002）。

（二）信任的来源

信任缘何产生？

理性选择理论认为，理性人在决定是否信任他人方面会权衡信任的潜在收益与潜在损失，同时考虑对方失信的可能性；这种信任是具体的，只能建立在彼此十分了解的基础上。在决定是否信任他人时，关键一点是能否获得充分信息以了解对方的动机和能力。这一理论能够解释现实当中为什么我们信任家人超过信任朋友、信任朋友超过陌生人；但无法解释为什么有人会信任陌生人（Coleman，

1990）。

Mansbridge 提出了利他性信任的概念，认为除了完全基于算计的理性信任外，这个世界里也存在利他性信任。利他主义者和诚实守信的人容易产生对他人的信任，即便经验告诉他们对方可信度不高，他们也会选择信任对方。Mansbridge 的观点在现实中得到一定的经验支持；然而仍然无法解释为什么利他主义者对不同人群的信任度存在差别。

Erickson 从认识发生论的角度诠释了信任的产生，认为人的信任度源于以往的经验。他特别强调幼年时期心理发育的影响，认为成长于中上阶层社区、和谐美满家庭的人，更容易产生信任感。

此外，还有一些学者从文化差异、民主制度、人生态度等对信任的产生及差异进行了解说。

从经济视角看，张维迎则按照产生来源把信任分为：基于个性特征的信任、基于声誉的信任和基于制度的信任（何立华，2009）。基于个性特征的信任是最为基本的信任关系，它包括建立在亲缘关系上的信任和后天养成的个人品德基础上的信任，一般认为，后天关系对信任的影响更具有可观察性；基于声誉的信任是行为人理性选择的结果，被信任者为了追求长远利益、维护个人声誉，自愿放弃眼前骗人的机会；基于制度的信任强调制度（包括社会规范之类的非正式制度）作为行为规范在引导人类行动方面的作用，例如，法律对于失信行为的惩罚加大了失信行为的成本，反过来降低了授信方预期的对方失信的概率，因而对于信任关系的建立具有促进作用。显然，在公司治理范畴信任关系的建立将更多地依赖声誉和制度的作用。

（三）董事会—CEO 信任关系与董事会治理

在现代公司内部，董事会与高管之间存在着委托代理关系。董事会作为股东利益的代表，需要委托管理层代为经营管理企业，由于自身并不直接参与日常经营，在信息方面董事会处于明显劣势。信息不对称以及管理者行为后果的滞后性，造成管理者道德风险加大，因此需要董事会保持相当的独立性以加强对管理层的监督和控制。这也是委托代理理论历来的观点和主张。

然而，传统的委托代理理论容易忽略几个重要事实。

首先，委托代理理论认为董事会与 CEO 的相互作用是纯粹的离散事件，因此保持董事会独立性有利于保证董事会的决策质量。然而近年来越来越多的学者意识到董事会与 CEO 之间存在一种建立在信任基础上的长期关系，这种非正式契约关系有助于降低组织决策制订的成本（Griesinger，1990；Huse，1993）。

其次，在董事会职能方面，委托代理理论强调董事会的首要任务在于保护股东利益行使监管职能，然而这种观点已经落后于各国董事会的实践。随着公司经营活动的日益丰富和外部环境的复杂多变，董事会工作重点转向战略决策和咨询服务，已成为一个不争的事实。Lorsch 和 MacIver 发现现实公司当中只有很少比例的董事将监督管理层看作自己的首要职责；更多时候他们是将战略任务包括在其职责当中。

最后，委托代理理论将管理者视为理性的自利主义者，这种关于人性本质的假设遭到管家理论的质疑。后者认为，公司 CEO 并非完全受个人利益驱动；作为企业管家的他们同样有着追求委托人利益最大化的动机。这种管家身份根植于委托人与管理者之间的信任关系；CEO 对尊严、信仰及工作成就感的追求会促使他们勤勉尽责，努力实现委托人利益（Davis 等，1997）。因此，片面割裂董事会与 CEO 的联系，过分强调董事会的独立性与超然性并不可取。

由此看来，董事会与高管层之间的信任关系，成为维持两者长期稳定合作关系、协调职能发挥的重要机制。一方面，董事会较高的信任水平对于管理层是一种正激励，使得其更愿意分享和沟通相关决策信息，方便董事会的监督以及战略咨询活动的开展；另一方面，较高的信任水平使得董事会成员更加乐意向管理层提出开诚布公的意见和建议，因为他们预期高管人员会慎重考虑或接受他们的建议（Sundramurthy 和 Lewis，2003）。Finkelstein 和 D'Aveni 认为，董事会与高管团队的相互信任还有助于在股东面前树立起团结和谐的印象，减少角色冲突带来的困扰，有助于股东群体接受公司决策体的各项决定。

信任关系的积极作用还会对董事会与高管团队的风险认知起到调和作用。Das 和 Teng 研究发现，由于决策事项的复杂性以及信息的不对称，董事会和 CEO 的关系常常面临一定的绩效风险和关系风险：绩效风险是指经营业绩的不确定性，关系风险则指两者对合作产生不满的可能性。风险承担行为要受到人们对于不同风险的感知影响，信任恰好成为缓和这种感知风险的机制。相互信任意味着对方不会选择不合作的预期；因此，在不确定的相互依赖关系中，董事会与 CEO 的相互信任使得双方更有可能表现出参与合作、追求风险的意愿和行为，从而改善董事会治理的效果。

因此，从理论层面看，董事会与高管间的信任程度对董事会治理有效性具有整体的促进作用。

六、认知偏误与董事会治理

主流研究假定经济决策主体是理性的自然人，不会感情用事，也不会盲从，而是精于判断和计算；在信息充分的条件下，具有关于所处环境的完备知识，有着稳定的和条理清楚的偏好；能够精确地计算出每种选择的后果，并选择最优方案。在此前提下，重点研究委托代理矛盾和激励不相容情况下的董事会治理，很少考虑现实世界中认知方面存在的问题。

事实上，心理学和社会学实验证实，人类普遍存在这样或那样的认知偏误，对待特定情境、特定事实难以进行客观公正的解读，因而造成决策偏离理性（叶蓓，袁建国，2007）。兴起于 20 世纪末的行为理论研究，吸收了心理学、社会学的研究成果，将决策个体认知与心理特征引入经济主体行为分析当中，研究个体有限理性对经济行为的潜在影响；其关于认知偏误的研究或可为陷于迷局的董事会治理研究提供新的视角（徐细熊等，2006）。

（一）认知偏误及其对董事会决策的潜在影响

与管理层直接参与公司日常经营不同，董事会的治理功能，很大程度上是通过一系列关乎公司发展的重大决策实现的。自西蒙以来的决策科学日益重视行为人有限理性对判断和决策的影响。有限理性不仅仅源起于决策者信息不充分,而且在很大程度上是由于行为人的认知偏误造成的。

认知心理学研究表明,决策主体在信息获取、信息加工、信息输出和信息反馈阶段都可能存在着这样或那样的偏误,妨碍其形成"正确"或"满意"的决策。首先,在信息获取阶段,行为人常常由于记忆或工作环境方面的原因选择性地挑选对自己有利的信息、而忽略了其他有用信息;其次,在信息加工阶段,行为人又经常为了简化信息处理过程而形成偏误,或是在思考判断过程中受到自身情绪/情感、信息描述方式的影响,无法客观公正地对待新信息;再次,在信息输出阶段,行为人容易发生一些典型的认知偏误如"一厢情愿(wishful thinking)",将结论朝着符合自己期望的方向引导;最后,在信息反馈阶段,人们还常常出现诸如自我归因、事后聪明、后悔厌恶等多种多样的认知偏误。

现代公司董事会是实行表决制度的群体决策机构,从理论上讲,其成员个人的认知偏误以及董事会集体决策时可能出现的群体性认知偏误,都有可能影响和改变董事会的行为,影响董事会决策并最终影响其治理效率(叶蓓,2015)。

相关研究表明,影响经济主体决策行为的个体或群体认知偏误数量众多,表6.1总结归纳了一些最为常见的认知偏误及其对董事会决策的潜在影响。

表6.1 常见认知偏误及其对董事会决策的潜在影响

序号	偏误名称	描述	对董事会决策的潜在影响
1	乐观与过度自信	低估风险/高估回报的倾向	过度投资；开展昂贵并购；过度举债；无视风险
2	规划谬误	低估完成任务所需要的时间	项目延期竣工；对股东不切实际的承诺
3	禀赋效应	高估所拥有的资产或资源价值	拒绝以公平价格出售资产；高估自己提议的项目价值
4	知识之祸	拥有较多专长的人很难像外行一样换位思考	设计开发消费者难以理解的产品；难以协调高管与其他员工对企业战略的理解认识
5	赌徒谬误	以为过去的结果会预示下一个结果，反方向发展均值回归	相信过去项目的失败会自动被未来项目的成功抵消，即便两者是相互独立的
6	证实性偏误	倾向于把附加证据错误地解释为证实自己的假设，而不再关注否定该设想的新信息	固执己见，很难接受新的理念和建议去解决问题
7	框定效应	受信息措辞或表达方式的影响做出判断	当信息呈现方式受到操控时容易做出错误的决策
8	锚定效应	在判断过程中，过分依赖初始值或初始信息	如果初始信息存在错误，容易导致错误决策
9	可得式启发	倾向于根据客体或事件在知觉/记忆中的可得性程度来评估其相对频率，容易知觉或回忆起的被判定为更常出现	过度倚重决策者个人经验

序号	偏误名称	描述	对董事会决策的潜在影响
10	事后聪明偏误	倾向于将结果锚定，认为自己在事前就可以预见到它	在分析过往决策时产生记忆扭曲，难以找到失败的真实原因，导致错误问责
11	羊群效应	放弃独立思考、观察和模仿他人的意见	跟从他人错误决策
12	群体思维	过于追求团队共识、减少团队内冲突、忽视挑战性观点的倾向	丧失集体智慧；拒绝外部良好建议，做出极端决策
13	组内偏袒	喜欢支持组内成员观点，排斥外部人士观点	排斥有价值的外部意见
14	组外同质化	误认为团队外部人士具有同质性	难以理解组织外部的复杂性和异质性，容易对组织外部形成偏见

注：以上第 1~3 列根据以下资料整理 List of Cognitive Biases. https：//en. wikipe-dia. org/wiki/List_ of_ cognitive_ biases。

从表中可以看出，影响董事会决策的潜在认知偏误为数众多，且彼此间可能存在重叠与交互影响；这当中，乐观/过度自信、框定锚定效应和群体思维等认知偏误存在尤为普遍，得到了较多研究者的关注（Angner 和 Loewenstein，2007）。

1. 乐观/过度自信与董事会治理

"乐观"与"过度自信"是两种极其普遍、又相互作用的认知偏误。乐观主义者通常高估自己成功的概率，认为自己的能力高居平均水平之上；过度自信者则常常高估自己的判断的准确性，将对估计事项的置信区间设置得太过狭窄，对自己的行动后果抱有"控制幻觉"、低估潜在风险（Shepperd 等，2002；Pallier 等，2002）。

存在这类认知偏误的企业管理者，即便自身利益与股东协同一致，也可能由于认知偏差做出完全错误的决策。

研究发现，乐观/过度自信在企业管理者中表现得尤为明显。首先，具有高级技能的个体常常由于参照组缺乏而表现出"超出平均"的自信（Kruger，1999）；其次，任务难度越大，结果越不容易评估，过度自信的倾向也就越发显著（Moore 和 Kim，2003）；再次，心理学实验发现，人类的过度乐观倾向对自己控制之中的或自己高度关心的事项表现尤其明显。从法理权力来看，公司董事会位居内部权力结构的顶层，虽然不直接参与公司的日常经营管理，却对发展战略的抉择拥有最终话语权，这种特殊地位往往使得董事会成员高估自己对行动结果的控制能力，从而低估失败的可能；另一方面，随着股票、期权等激励方式在高管层运用，以及出于维护自身声誉的需要，董事会成员通常对企业发展表现出极大的关心。这些因素都使得董事会成员个体容易产生更多的过度自信倾向。

"乐观/过度自信"偏误会扭曲管理者个人，或者管理者群体对决策事项风险和收益的判断，因而即便不考虑委托代理成本，也会导致决策丧失理性，无法服务于股东利益最大化的目标。过去十年来，学术界在这方面已经积累了较为丰富的研究成果，例如：Malmendier 和 Tate 研究发现，过度自信的企业管理者往往开展更多摧毁价值的企业并购活动；Ben－David 等人的实证研究表明，存在过度自信倾向的管理者倾向于更加激进的融资政策，而且较不愿意向股东分红。过度自信的影响还表现在融资方面：高度乐观者管理的公司通常更多地使用债务杠杆，由此造成公司欠债增加，财务风险加大（Barros 和 Silveira，2008）；过度自信的管理者起初容易高估盈余，而后开始走向财务错误陈述乃至财务欺诈（Schrand 和 Zechman，2011）。沈艺峰、陈舒乙采用我国 93 家 ST 上市公司样本进行实证研究，发现在企业经营业绩不佳之时，过度自信的董事会没有及时更换 CEO，这可能源于他们高估了 CEO 经营管理能力给公司带来的收益、低估了其经营不善的风险；认为董事会过度自信容易给公司业绩带来不良影响。

当然，除了乐观/过度自信，董事们也可能存在"规划谬误""禀赋效应""知识之祸"等认知偏误。规划谬误即行为人容易低估自己完成某项任务所需要的时间，因而无法按时兑现事先的承诺；禀赋效应则是指行为主体容易高估自己所拥有的资源或禀赋价值，因而在出让该资源时要价过高，超过自己获取其时愿意支付的价格；有关"知识之祸"的研究发现，越是拥有较多技术专长的人，越是感到难以从常人角度做出判断。现代公司董事会通常是由企业高级管理者和金融、法律等方面的专家组成，董事们较一般人群具备更多专业知识，过往的成功经验和专业自负感使得很多董事容易出现上述认知偏误。

2. 框定、锚定与董事会治理

"框定效应"，是指行为人在做出决策时，容易受到信息呈现方式、而不是信息内容的影响。Kahneman 和 Tversky 曾经就框定效应做过一个经典实验：假设一位将军带领 600 名士兵撤退，情报官汇报说有两条撤退路线可以选择：如果走第一条路线，200 名士兵将会得救；如果走第二条路线，有 1/3 的可能全体士兵获救，2/3 的可能全部遇难。面对这样的选择,大多数扮演"将军"的被试选择了第一条路线。然而,情报官修改了报告方式,告诉"将军"如果走第一条路线,将有 400 名士兵遇难;如果选择第二条路线,有 1/3 的可能全体获救,2/3 的可能全部遇难。此时,大多数人却选择第二条路线。其实,情报官先后两次呈报的信息内容本身并无实质性不同;不同的仅仅是呈报信息的方式——第一次是从保全士兵的角度呈报,第二次则是从丧失生命的角度提出。仅仅是呈现方式的改变,却改变了决策者最终的选择(饶育蕾,2005)。

影响判断过程的另一个重要方面是锚定效应,即指人们往往特别倚重于初始获得的信息做出判断。例如,对于两道乘法算式 $8 \times 7 \times 6 \times 5 \times 4 \times 3 \times 2 \times 1$ 和 $1 \times 2 \times 3 \times 4 \times 5 \times 6 \times 7 \times 8$,同样的被试对前一算式估计均值为 2250,对后一算式估计均值为 512——两者结果差距很大,而正确的结果应当是 40320。其实,这两道算式仅仅是在乘数的排列上有所不同,前者从大到小,后者从小到大。这一结果显示,被试习惯于依赖初始的几步运算作为参照进行猜测,因而乘数安排的顺序也就让实验结果产生了明显的差异。

上述框定和锚定效应对董事会决策可能产生重要影响。如前述,由于董事会成员并不接触公司日常事务,在关乎公司发展方向等重大事项决策上往往依赖经理人呈报的信息,这就给了经理人可乘之机。如果后者认为某项投资计划有助于巩固其在公司的地位,他们通常会将该计划的利益放在显著位置,而将可能的不利因素如成本费用、投资失败的可能性等放在次要位置,并在备选方案上做些自利设计。经理人的好恶于是通过这种精心设计的呈报方式、借由董事思维的框定效应或锚定效应最终传导到董事会决策层面（Sharpe，2012）。

显然，要克服上述效应带来的不利影响，需要让董事们更多地离开会议室和公文桌，更多地了解和参与公司经营活动，以扩大信息来源；通过信息的相互印证增强决策依据的公正性和可靠性；另一方面，在董事会保留适当的非管理岗内部董事席位（如职工代表），也是一个可取之策。

3. 群体思维与董事会治理

与盲目追随行为不同，团队决策中另一种常见的认知偏误是群体思维，即过于追求团队共识、努力减少团队内冲突、忽视挑战性观点的倾向。

群体思维的概念最初由 Janis 提出，他通过"水门事件""朝鲜战争"等案例研究发现，美国政治及军事上几次重大决策失误都与群体思维有关。在过分追求"忠诚"于团队的同时，群体思维使得团队成员的创造性、唯一性和独立思考能力大幅退化；可能产生一种团队决策超级正确的幻觉，而对团队外部的不同意见抱有敌对态度。虽然 Janis 对于群体思维的研究主要集中在政治军事领域，但是其研究成果对于其他组织或团队决策都颇有启发意义，特别是公司高层管理者和专业人员更需要警惕群体思维的影响。法学家 Bainbridge 也指出，理论上讲集体决策过程由于存在集体内部的协同作用而优于群体的平均水平，甚至优于群体中最好的决策者；但集体决策容易患一些独特的认知偏差，如"群体思维""社会闲散"等，并可能带来独特的代理成本——比如，群体成员感受到群体规范要求共识的压力，不愿表达不同见解。群体思维会严重损害群体决策的有效性。

根据 Janis 的论述，群体思维的发生与组织凝聚力、结构和情境因素有关。首先，越是凝聚力强的团队，越是容易忽略个人意见表达的自由；其次，如果团队与外界高度隔绝、缺乏公正的领导、缺乏必要的决策方法程序或者成员社会背景、意识形态同质性显著，团队就更容易出现群体思维；再次，特定的情境因素也容易引发群体思维，如外部威胁加大、最近遭受挫败、决策任务难度大、面临道德困境等。

群体思维的心理动因还包括集体无意识、社会防御、社会身份维持等（Langer，1989）。首先，小群体中成员之间的情感容易联结起来形成较强的凝聚力，群体成员往往会压抑和抑制不同于其他成员的想法和意见，形成集体无意识；其次，企业管理团队在进行重大决策时往往面临空前压力，潜意识里为了逃避压力以及分散责任，在决策中盲目寻求一致，以实现自我防御；最后，群体思维的产生还可能源于维护和强化群体正面形象的需要。对于董事会等高级管理团队来说，成员具有较高的社会地位，对于所属团队往往有更加强烈的归属感和认同感，因而具有强烈的动机去维护团队的正面形象。这样，其决策过程中的信息收集和处理就变成了一个维护甚至强化形象的过程，反而可能忽略了董事会团队决策的真正使命；在此过程中，也容易产生对于外界意见的强烈抵制和忽略，进一步强化组织与外界的隔绝（Turner，1998）。

团队决策中的群体思维倾向可能导致董事会为片面追求共识而

放弃集体智慧，对外部人士的良好建议采取排斥敌对态度，让决策权落入少数位高权重者手中，不利于治理效率的提高。

总而言之，人类的大脑"不尽完美之处如同他们的奇妙之处一样多"（Aronson，1999）。现实世界中董事会成员及其群体并非具有完全理性、遵守贝叶斯法则进行的决策和判断。其在信息获取、加工、输出和反馈过程中的一系列认知偏误，可能造成董事会决策很难符合理性决策的目标。作为主流研究的补充，现有的行为理论研究进行了一些有益探索，对董事会治理失效研究是重要的启发。不过，由于行为心理研究起步较晚，现阶段这一领域研究尚不成熟。不同认知偏误间的相互作用机制仍不清晰；认知偏误的心理动因和诱导因素研究尚不深入；建立在独立分析基础上的认知偏误规避措施有时候存在相互矛盾的地方；相关研究也未能就如何克服认知偏误带来的不利影响提出系统化的治理措施。从研究方法看，大部分研究结论系建立在人群实验或对重大事件的分析基础上，针对公司高管、特别是董事会情境的研究尚十分罕见。

（二）案例分析：认知偏误与安然公司董事会失效

美国安然公司倒闭堪称 21 世纪以来有关公司治理的经典案例，公司从号称管理规范且勇于创新的"增长明星"到一夜之间轰然倒下，让世人惊诧。安然公司失败的原因错综复杂，一系列内外部治理机制失效导致了这个昔日能源巨头倒下。从内部治理看，安然公司的董事会，一个曾经被视为样板、汇聚各路精英的决策群体，对公司走向衰亡负有不可推卸的责任。

　　表面上看，安然公司董事会构成了完全符合主流理论关于理想董事会的特征标准，某些方面甚至超越了危机后出台的《萨班斯—奥克斯莱法案》（SOX）的要求。例如，在独董比例方面，17名董事会成员中有15名独立董事，其中不乏商界、政界或学术界杰出人物，包括美国商品期货交易委员会前负责人、英国议会前领导人、美国著名大学资深退休法学教授、会计学教授等；专业结构上，安然董事会具备公司治理准则期望的所有委员会，包括行政委员会、财务委员会、审计合规委员会、薪酬委员会以及提名委员会。审计委员会主席由曾任斯坦福大学商学院院长的会计学教授担任，委员会制订有专门的工作章程；除一位成员外，其他委员都熟悉复杂的会计准则，有两位还拥有专业会计经历。然而，就是这样一个董事会，却默许公司与董事个人开展利益往来，签订多个与独董有关的咨询服务和产品销售合同，向独董任职的非营利机构大量捐款；一味听从董事会主席和CEO建议，不惜背弃公司章程，批准首席财务官建立"特殊目的机构"借以非法转移财产。丑闻曝光前，董事会多次无视来自内外部的预警信号，对管理层言听计从；甚至在首席执行官放弃巨额赔偿、非正常辞职之际，依旧未能警醒。危机到来之时，董事会还默许、甚至伙同高管抛售公司股票，却对普通股东隐瞒事实，致使员工退休储蓄金损失数十亿美元……凡此种种，使得这个曾经获得卓越董事会奖的群体在事发后备受谴责，成为董事会失败的典型（鲁桐，2002）。

　　除开人性的贪婪、机制的缺失，认知偏误或是安然公司董事会治理失效的原因之一。在这当中，群体思维以及与之关联的种种认知偏误在董事会决策过程中发挥了显著作用。

1. 群体思维

群体思维在安然公司董事会中表现得淋漓尽致。按照 Janis 的论述，群体思维是小规模高阶团队经常出现的认知偏误；群体思维导致决策群体过度乐观，缺乏警惕性并且排斥外部意见。当群体思维倾向严重时，团队成员讳于表达任何可能破坏"和谐"气氛的观点，从而助长了团队内部的盲目乐观气氛，认为自己的决策总是正确的。

就安然公司而言，董事会尽管精英荟萃，却始终沉醉于与公司创始人、董事会主席 Kenneth Lay、首席执行官 Jeffrey Skilling 等人长期以来形成的甜蜜关系中，对诸多严重损害股东利益的事项采取惊人一致的支持或默许态度。例如，公司首席财务官 Andrew Fastow 设立的多个特殊目的合伙企业是安然财务造假以及输送个人利益的重要工具，该计划得到公司行政长官 Jeffrey Skilling 的支持。尽管明知这种做法存在重大利益冲突，董事会中不仅无人提出反对意见，甚至在遇到制度障碍时，直接无视既有条例（布莱斯，2002）。

群体思维导致董事会成员集体失明。美国国会调查报告显示，安然危机爆发前至少出现过十几次预警信号，然而每一次警报都未引起董事会的关注。例如，2000 年 10 月，在听闻多笔巨额关联交易后，公司财务委员会曾经提请薪酬委员会调查 Fastow 关联交易的获利情况，然而两次提示均未得到回应。一年以后，直到媒体披露，薪酬委员会方才得知 Fastow 从有问题的合伙交易中获利 6000 万美元。再比如，雇员 Sherron Watkins 曾于 2001 年 8 月提交一份内部备忘，提醒公司高层注意有问题的操作流程，同时对公司财务状况提出了一些尖锐问题。然而该备忘录得到的反馈，要么是回绝、要么是忽略，要么是一些纯粹形式上的调查。甚至在此后不久，首席执行官 Skilling 出乎意料地因为"个人原因"提出离职之际，董事会也未能做出任何怀疑，而是简单地相信接任 CEO Kenneth Lay "公司没有任何问题"的说辞。

群体思维的发生往往有三大前兆，即高度凝聚力、结构性缺陷和特定情境因素；这几个方面在安然公司董事会中都得到了生动的体现。

（1）超强凝聚力

安然董事会的超强凝聚力在美国参议院调查报告中得到证实。据报告陈述，"安然董事会成员一致认为董事会内部关系和谐"，"董事会与管理层关系良好"，董事们表示他们尊重公司高管，相信后者的正直与才能（O' Connor，2011）。

在 O' Connor 看来，安然董事会的凝聚力主要源于三点：

首先，董事会成员具有高度同质性。董事们都是所谓的美国企业精英人士，具备相似的社会、教育和职业背景。不仅如此，多位独董在公司任期超长，最长的甚至超过 20 年。共同背景外加超长任期，营造出俱乐部式的和谐氛围。

其次，过度的股权激励加深了董事会黏结和公司依附。事发前，公司董事薪酬在全球范围都可谓名列前茅，薪酬中大部分是股票期权，意味着许多董事同时成为公司大股东——例如 Robert Belfer 就是该公司最大个人股东。危机爆发前，这些董事出售公司股票，分别获取了数十万乃至上百万美元的收益。不仅如此，公司聘用的独立董事绝大多数都在安然领取补贴。一些独立董事自己或所在公司还承接了安然的咨询或法律顾问业务。这种情形之下，独立董事能否做到独立判断自然存在很大疑问。

最后，安然长期营造的"忠诚文化"难免渗透到董事会内部。据媒体报道，安然公司有着一种接近疯狂的"忠诚文化"。20 世纪 90 年代安然在新经济浪潮的背景下一路凯歌，员工们逐渐形成了对前后两任领导人 Kenneth Lay 和 Jeffrey Skilling 的盲目崇拜，以至于相信他们所说的一切。这种一味效忠的公司文化难免侵蚀并渗透到董事会内部。

（2）结构性缺陷

在 Janis 看来，决策过程不独立、不充分，群体缺乏公正领导时，极易引发群体思维。

一方面，安然董事会在决策中非常依赖外部意见。公司自 1985 年成立，连续 16 年聘用安达信会计师事务所负责外部审计。20 世纪 90 年代中期以来，安达信还包揽了安然的内部审计和咨询业务。事后调查结果显示，安然雇员当中有 100 多位来自安达信，其中包括首席会计师和财务总监等高级职员；有一半董事与安达信存在直接或间接联系。复杂的利益勾连使得审计独立性成为空谈。然而，安然董事会成员在接受调查时竟然认为，当时五大会计师事务所一统天下，上述做法似乎不足为奇，因而并未引起董事会警觉。况且，公司董事会给审计机构提供回避管理层发表意见的机会和渠道；对方出具了标准无保留审计意见，董事会于是相信并依赖他们的意见。事实上，除了安达信，其他一些外部机构，如华尔街分析师、主要债权人、机构投资者、信贷评级机构、新闻媒体、投资银行甚至监管部门等事发前的一致盲目乐观也对董事会产生了极大的麻痹作用。

另一方面，安然董事会内部权力极化现象严重。很长一段时间，公司 CEO、董事会主席出 Kenneth Lay 一人兼任，Kenneth 直接任命多名董事。他不仅参与所有董事会全体会议，还和继任 CEO Skilling 直接参与行政、财务、审计等各个专业委员会会议。Kenneth Lay 甚至多次参与薪酬委员会的讨论，其个人薪酬即便在今天看来也是非常之高。权力的过分集中凸显出安然董事会严重的结构性缺陷。

（3）情境因素

Janis 认为，群体思维还是组织在高压情境下进行重大决策时的一种防御性反应。当某种决策可能违背社会观念和常规道德标准时，为了克服由此产生的羞耻感和不道德感，团队成员会彼此寻求支持，通过抱团方式努力使自身选择显得合理，并快速达成一致意见。

安然事件中，首席财务官 Andrew Fastow 设立的多家特别目的机构在整个财务造假过程中扮演了关键角色，成为输送个人利益、协助安然财务造假的重要工具。令人费解的是，公司高管另设关联机构，如此明显的利益冲突行为为何会得到董事会的一致批准？当被质疑违反公司制度时，董事会直接弃道德守则于不顾，坚持通过了 Fastow 设立特别目的机构的计划。在事后国会听证中，安然董事会成员承认，他们明白此事在其他公司并无先例；之所以会放弃道德守则，是董事会群体权衡利弊后的选择——尽管允许 CFO 另设机构开展关联交易可能招致公众批评，也存在个人与公司利益冲突的风险，但是他们更愿意相信凭借 Fastow 多年的财务经验，能够通过复杂的交易将安然打造成一家"轻资产公司",给公司带来更大利益。他们的说辞,体现了群体思维中一种常见的症状,即群体合理化(McLean 和 Nocera,2013)。

上述超强凝聚力、结构性缺陷与特定情境因素为安然董事会群体思维倾向提供了合适的土壤。美国参议院调查报告援引董事会成员供述,在他们印象里多年来的董事会会议只有两次有人提出不同意见。后续相关调查同样表明,公司董事会没有做出更多挑战管理层的举动。在群体思维作用下,团队成员容易出现"一致性寻求"倾向,或是产生"一致性幻觉"。一方面,当团队中相当数量的成员倾向于某种意见(通常是董事会主席或 CEO 代表的权威意见)时,其他成员往往会观察动向,顺势而为;就算是有疑虑,也会自觉不自觉地放弃个人观点,采取附和或是沉默的态度;另一方面,这种沉默又常常被急于寻求一致的团队领导人解读为赞同。于是,原本的不一致变得加速一致起来。特别是,当存在利益关系时,董事会寻求一致的倾向可能进一步放大。更何况,安然公司董事会许多成员都是公司领导人提名的,因此寻求一致的动力更强。

2. 过度自信与框架依赖

除了群体思维外,过度自信与框架依赖在安然董事会中也表现得极为显著,并直接导致了投资经营中的过度激进与冒险。

作为小布什总统竞选团队的最大捐助者,安然公司享受了巨额的政治利益。20 世纪末,在政府放松能源市场管制背景下,公司业绩快速增长,曾经被《财富》杂志连续 6 年评为"美国最具创新精神公司",股价飙升;以 CEO 为首,公司上下弥漫着狂妄自大和不可一世的气氛。与此同时，公司以极富于竞争性的企业文化闻名，在内部大搞锦标赛，崇尚造星运动。过度的竞赛和压力刺激管理层为提升股价铤而走险，这种过度乐观和激进的气氛难免渗透到董事会内部。

事实上，安然董事会也曾被评选为"全美最佳董事会"之一。外部的褒奖、股价的持续上升刺激了投资者，也麻痹了董事会。由于公司董事大多为外部董事，投入公司事务的精力和时间有限，很容易受到不断攀升的股价影响，对一些复杂事项做出过于乐观的判断，导致一系列重大投资项目失败。一个典型的例证即印度 Dabhol 电站项目。该项目由安然投资 30 亿美元建成，是印度当时最大的外商投资项目、项目融资项目、独立发电厂。由于过往在美国本土的成功经验，安然董事会和公司高层过于轻信项目所在国提供的优惠条件，高估项目盈利前景，却未能给予东道国特殊政治气候及行业管制环境以充分的风险评估。从 2000 年底开始，电厂电费支付纠纷不断。到 2001 年初，厂方与所在地马哈拉斯特拉邦的电费纠纷进一步升级，电厂无奈停止发电。尽管项目由印度中央政府对购电协议提供反担保，但是在电厂要求政府兑现担保时，对方却开始食言，安然的巨额投资打了水漂（张鸿，2002）。

公司董事会在若干重大事项决策中严重失察、缺乏应有的谨慎，还跟该公司一贯树立的变革者形象以及公司高管的正面形象有关。

20 世纪 90 年代，美国经济出现了一个历史上最长的连续增长期，经济运行态势呈现出高增长、低通胀、低失业率的理想态势，即所谓"新经济时代"。安然公司正是伴随着这股新经济浪潮下政府对能源行业管制放松而崛起的。公司领导人认为，能源领域放松管制是增进社会福利的关键；安然在弱化政府干预、改变市场性质方面做出了卓越贡献。其在多种场合还不断宣称，安然公司正在创造历史，其创造的"轻资产"运营模式将改变公司对于硬资产的依赖，将公司改造成为一个无所不能的市场中介，就连天气都可成为期货交易的标的。在当时，互联网的兴起正在带动人们发现和正视一些前所未有的变革和机遇，安然的高调言论于是很容易被解读为新时代新思维；媒体也纷纷给予上述做法以积极的报道。

与此同时，公司领导人的超级英雄形象也对董事会议事产生了不可忽视的影响。历史经验表明，每当经济转型期，一些商业领袖人物常常被视为推动社会变革的引擎。安然公司首席执行官 Skilling 身为哈佛大学高才生，在迈肯锡咨询公司担任过化学和能源业务主管，职业生涯不乏可圈可点之处。入主公司以来，大力倡导的压力文化和"唯利是图"精神推动公司股价不断上升，迎合了当时社会对于股东财富增长的狂热追求。公司内部对领导人的盲目崇拜、外部媒体的一味热捧加重了董事会对经理人声誉的盲目依赖。在时间、精力有限的情况下，董事会更会轻易接受经理人的意见。

安然董事会行为过程中的认知偏误或许还有很多；正是这些不同类型的认知偏误相互交织，相互作用，共同牵引着董事会日益离开理性的跑道。

（三）认知冲突、异质性与群体思维的防范

Cahrness 和 Sutter 研究发现，由于成员间的观点碰撞、协调和博

弈，集体通常比个体能够更好地避免个体认知偏误的影响。因此在众多认知偏误中，作为一个合议机构，董事会需要重点规避群体性认知偏误，特别是群体思维倾向。相关研究表明，群体思维在小规模高阶团队中较为普遍。要克服这种认知偏误的影响，努力营造认知冲突、保证团队成员一定程度的异质性十分必要。

1. 认知冲突的作用及实现

（1）认知冲突的作用

与群体思维相反，认知冲突被认为是预防群体思维、发掘群体智慧的有效途径。

一般认为，认知冲突是指团队成员有关工作任务的判断差异。Forbes 与 Milliken 认为，认知冲突有可能在类似董事会这样的工作团队中产生，原因在于董事会负责决策的事项通常关系到战略发展方向，复杂程度高，不确定性强，加之董事会成员合作共事的时间相对有限，不同成员容易就同一事项做出不同的判断和解读。当然应该承认，不同董事会可能出现的认知冲突程度不一。

认知冲突对于董事会治理的积极影响在于：

第一，从集体决策的一般规律来看，认知冲突有助于提高决策的质量。中国民间有"三个臭皮匠，顶过一个诸葛亮"的说法。在一个富于批判性思维的集体中，成员的认知冲突意味着他们对决策事项会有各自不同的考虑，因而可以提出更多备选方案，或是对讨论中的方案给予更为细致的评估，这一点对于提高不确定性条件下战略决策的质量尤为重要（Eisenhardt 等，1997）。Watson 和 Michaelsen 研究发现，执行知识型任务的工作团队在成员提出不同意见、并充分交换正反观点时表现出更好的绩效；Wanous 和 Youtz 认为，多样化的解决方案有助于提升团队决策质量；Schweiger 等同样指出，采用一定的方法鼓励认知冲突形成，将会提高战略决策团队的有效性，Charness 和 Sutter 采用心理学实验方法对比个人决策与团队决策绩效，发现当团队内部存在一定程度的差异性，并且具备鼓励成员表达不同观点的氛围时，团队决策绩效高于个人决策。

第二，认知冲突过程也是团队成员展开批判探究式互动的过程（Amason，1996），有助于强化董事会的监督效能。董事会内部不同意见以及鼓励批评调查的氛围可以迫使公司 CEO 就自身的战略主张做出更加充分的解释说明，审慎对待、甚至考虑接纳来自其他人的建议。不仅如此，董事会内部认知冲突的存在还会构成一种威胁，提醒 CEO 在日常行动中尊重、重视董事会权力及其所代表的股东利益。

当然，认知冲突在带来上述利益的同时，也有可能引发一些负面情绪，损害组内成员间的人际和谐关系。Jehn 和 Schweiger 等的研究表明，当团队内部认知冲突水平过高时，一些成员对于团队的满意度下降，从而不愿意继续留在团队当中。这种团队动态规律同样适用于公司董事会。Mace 研究发现，在一些公司董事会中，一些董事由于严重的意见不合在此后的工作中表现得更为消极。

（2）认知冲突的实现

最早研究群体思维现象的 Janis 认为，鼓励认知冲突、预防群体思维最有效的手段之一，就是实行"魔鬼代言人制度"，意即在团队内部明确一位"魔鬼代言人"（即唱反调者），并且这一角色应当轮换。他认为，这样做可以鼓励地位和权力各异的团队成员以更加开放的心态讨论事项。董事会正好具备他所说的这一特点。事实上，唱反调者未必一定表达自己的不同意见，更多的是引导讨论开展、鼓励他人质疑、保护可能出现的少数派意见。为了避免过于激烈的冲突，唱反调者最好不要使用过于武断或直接的陈述，而应该更多采用低调、常规的方式提出问题，诸如"我们是不是忽略了一个问题""我们是否该应当考虑这样一个问题"等。很多时候，董事会成员不愿意说出自己的看法，是因为他们担心过于坦率的争论会造成过于激烈的人际冲突。从这个意义上讲，"魔鬼代言人"制度巧妙地避免了这种人情上的尴尬局面。这一制度的安排可以敦促董事们更多思考决议事项中可能存在的问题，甚至突破原有的讨论禁忌，并且可以减轻唱反调者承受的心理负担，也可以在董事们对决议事项缺乏必要的信息和知识时公开求援求证，而不必担心被人笑话。

不仅如此，"魔鬼代言人"角色需要轮换。因为，再凶猛的"魔鬼代言人"，久而久之也可能被驯化。如果某位董事长期担负此角色，他可能会被经理人贴上"刺头""不忠实"的标签，在后续的工作中遭到排斥；轮换制可以避免这一问题的产生。事实上，如果能够事先确定好轮换时间表则更好，将引导董事事先了解和搜集必要的信息，为即将开展的讨论做好准备。

"魔鬼代言人"制度在决策中的积极作用已为许多实验研究证实。Stone 等人通过实验发现，指定有"魔鬼代言人"的工作团队较一般团队表现出更好的工作绩效。不过，就董事会而言，这一制度也可能存在一些不利之处。一方面，辩论会延迟董事会达成一致意

见的时间；另一方面，可能增添董事会内部的紧张气氛，损伤团队
合作能力。在此情形下，选好第一个唱反调者显得格外重要，因为
他的所作所为往往成为后来者效仿的对象。

除了上述做法外，为了营造更好的认知冲突氛围、削弱群体思
维倾向，一些学者建议对董事会表决过程做出改进，例如：1. 在董
事会集体讨论阶段，董事长以及 CEO 应当尽量回避大部分会议，以
避免过度影响会议讨论结果；2. 要求管理层提供更多的备选方案并
充分检视所有有效备选方案；3. 除独立董事外，可以视决策议题邀
请外部专家列席董事会会议；董事会成员应当获准与外部专家讨论
并提出疑问等（Sharpe，2012）。

2. 董事会异质性与群体思维的防范

过去相当长一段时间内，董事会异质性、或称董事会成员多样
化是股东积极主义的一大诉求，其出发点在于企业的社会责任。而
如今，董事会异质性在防止群体思维倾向中的作用正在受到重视。

社会学研究表明，团队成员过于同质化容易阻碍批判性思维的
产生。因此，要避免走入群体思维的陷阱，应当努力实现团队成员
性别、种族、民族、阶层、年龄、国别、专长甚至个性的多样化。
类似地，高阶团队理论同样认为，决策团队异质性是团队成员具有
丰富认知、技能、社会和职业经验的前提；成员的多样化能够为决
策团队提供不同的信息和资源，方便其应对复杂多变的环境（Ham-
brick 和 Mason，1984）。

近二三十年以来，董事会的战略和服务职能日益凸显。在一个
多样化的董事会中，成员们拥有多样化的生活体验和社会认识，能

够带来更多的视角和观点，集思广益，改进董事会决策质量；多样化的背景还意味着董事们能够提供更为丰富的社会资源和行业经验。此外，从前述安然公司的教训可以看出，过于同质化的精英式董事会容易滋生惺惺相惜般的俱乐部氛围；董事会异质性或可在一定程度上防止团队过度黏结，从源头上防止群体思维倾向的发生。

　　不过，值得注意的是，异质性在弱化群体思维倾向的同时，也可能带来一些负面影响。例如，团队成员背景差异过大有可能制造出一种"距离感"，使得以信任关系为基础的人际关系难以建立。

实证篇

七、信息、信任、认知冲突与董事会治理的实证研究——基于问卷调查

一直以来，理论界关于董事会特征与其治理绩效之间的关系始终缺乏清晰一致的结论，越来越多的学者怀疑，董事会特征是否足以捕捉和反映行为过程对治理效能的影响，提出相关研究应更多关注董事会行为过程。

一些学者就此进行了宝贵的探索。例如，Forbes 与 Milliken 将团队动态学和团队工作有效性的相关成果应用于董事会行为研究，提出了一个董事会行为过程模型，其中努力范式、认知冲突、知识技能运用被视为董事会行为过程的关键要素。Ees 等人在 Zona 和 Zattoni 行为过程模型基础上引入董事会－CEO 信任关系变量，认为信任关系影响董事会和管理层的信息分享与合作，因此可能对董事会各项职能的发挥产生重要影响。Sharpe 特别注意到董事会在信息上的被动地位，强调信息获取的重要性，提出高效董事会治理需要前瞻性的信息把握、多样化的信息渠道、积极主动的目标设定参与以及组织内部的建设性冲突等。故此，本书第三至六章从理论层面结合相关案例，阐述了信息、信任关系以及认知冲突在董事会行为过

程中的重要性。

　　本章拟在前述理论分析基础上，以信息获取、信任关系、认知冲突和努力水平为观测变量，构建相对简化、变量可测的董事会行为心理—治理有效性模型。借鉴 Ees 等人的问卷调查方法，通过对公司董事、高管开展问卷调查，获取董事会行为过程与治理绩效的量化数据；对行为过程与治理有效性间的关系进行实证检验，以期为完善董事会治理提供思路（叶蓓，2018）。

（一）研究模型与假设

1. 研究模型

现实条件下影响董事会职能发挥的行为和心理因素极其庞杂。

　　在 Forbes 和 Milliken 模型中，努力范式、认知冲突、知识技能运用被认为是董事会行为过程的关键要素。然而，他们所说的"努力范式"是一个团队层面的概念，是指团队关于成员个人努力水平的共同预期；"知识技能运用"并非董事会成员自身的经验和专长，而是指团队成员应在彼此尊重信赖的基础上，通过互动合作、集体学习整合关于公司内部事务的信息和判断。但是这些概念在实际应用中显得含混而抽象，妨碍了相关实证研究的开展。此外，他们的模型未能考虑董事会—CEO 信任关系的影响。

　　本书第三至六章从董事会团队属性及其特殊性出发，分别从理论层面分析了信息获取、董事会—CEO 信任关系以及认识冲突在董事会决策过程中的作用。为了实证检验上述因素对董事会治理绩效的影响，我们对 Forbes 和 Milliken 模型进行了一些调整，主要是：

①增加了董事会—CEO 信任关系变量，以检验信任关系对董事会治理的潜在影响；②用"信息获取"替代 Forbes 和 Milliken 模型中的"知识技能运用"；③借鉴 Vafeas、Jiraporn 等、Lin 等的做法，用会议行为表征的"努力水平"替代 Forbes 和 Milliken 模型中的"努力范式"，以使得上述变量具有更好的可观测性。事实上，Forbes 和 Milliken 所说的"知识技能的运用"必须以董事会对信息的充分把握为前提，至于是否有足够的意愿将经验运用于公司事务，则已经包含于另一个过程变量即董事会"努力水平"当中。由此构建出一个简化的董事会行为心理—治理有效性模型，如图 7.1 所示。

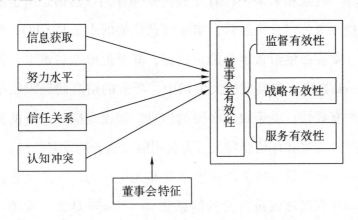

图 7.1　董事会行为心理—治理有效性模型

模型中，被解释变量是董事会有效性，即董事会在多大程度上完成其公司治理职能，该变量分别从三个方面即监督、战略和服务有效性加以度量，这与 Forbes 和 Milliken 模型存在一定区别。这样做的原因在于，尽管董事会战略职能与服务职能都需要调动董事的专业经验和判断，两者之间仍然存在明显差异——战略职能主要体现为确定公司长远战略、CEO 提名以及危机应对等；服务职能则更多是为日常管理、法律、金融、财务、市场等业务提供咨询顾问意见。模型中的解释变量，即影响董事会职能发挥的是一系列行为过程及心理变量，包括信息获取、努力水平、信任关系和认知冲突等；董事会特征作为控制变量。

2. 研究假设

（1）信息获取与董事会有效性

信息是决策的重要前提。董事会是否积极主动搜集决策相关信息，对于发挥其治理职能至关重要。实践中，董事会需要对决策事项的过往、现状和未来进行有效的判断和评估。然而，由于董事会并不直接介入公司日常经营，掌握信息优势的永远是 CEO，他们不仅筛选、掌控提供给董事会的信息流，甚至能够左右董事会议事日程。Jensen 指出：在典型的大公司中，严重的信息问题限制了董事会工作的有效性；由于缺乏必要的信息，即便是颇具才干的董事也难以有效地监督和评估经理人，为公司制订适合的发展战略。

然而，身处信息劣势的董事会并非无可作为，一个负责任的董事会可以采取措施改进自身的信息获取。Sharpe 认为，搜集前瞻性信息和丰富信息来源渠道当是解决问题的途径之一。在他看来，董事会面临决策评估事项时，应当改变被动等待经理层汇报的做法，在适当的情形下主动接近公司员工、客户、供应商甚至咨询公司。与此同时，信息质量的重要性不言而喻。搜集的信息越是准确、及时、充分，董事会的决策依据就越是充分。这一点，不论对于董事会的监督、战略或是服务职能，均是如此。由是我们提出如下假设：

H7.1——信息获取与董事会监督、战略、服务绩效正向关联；

（2）努力水平与董事会有效性

现实条件下，公司董事，尤其是外部董事由于身兼数职，能够投入董事工作的时间和精力有限。在此情形下，董事将自身时间精力的多大比例投入到公司事务当中，就变得非常重要。董事会成员将自身资源投入董事会职责工作的强度通常称为"努力水平"。Forbes 和 Milliken 认为，如果董事会能够激发其成员投入更多精力到监督、战略或是咨询顾问工作当中，则这样的董事会通常会更加高效，因而提出如下假设：

H7.2——董事会努力水平与其监督、战略、服务绩效正向关联。

然而，"努力水平"是一个极其抽象的概念，在实证研究中难以计量。目前，相关实证文献多选取董事会会议频率、会议出席率作为替代变量（Omri，2014；Greco，2011；Dunne，2005）。他们认为，董事会越是经常会面，会议出席率越高，则董事会为完成治理使命付出的努力越多。因此，将上述假设细化为如下假设：

H7.2.1——董事会会议频率与董事会监督、战略、服务效率正向关联。

H7.2.2——董事会会议出席率与董事会监督、战略、服务效率正向关联。

（3）认知冲突与董事会有效性

认知冲突是指团队成员由于各自独立进行信息处理或决策判断而造成的意见不一致现象。在典型的团队决策环境中，成员间意见不一乃属正常，而且常常有益于集思广益。Janis 曾经指出，批判性思维在克服团队过度凝聚及群体思维方面大有裨益。认知冲突有助于帮助董事会正确识别非常规性问题，有助于避免意见一边倒现象的发生。因此，我们提出：

H7.3——董事会议的认知冲突与董事会监督、战略、服务效率正向关联。

（4）信任关系与董事会有效性

信息获取、努力水平和认知冲突分别从三个独立维度反映董事会内部行为特征，彼此之间不存在显著影响。然而，在董事会外部，董事会与经理层间的相互信任状况，构成董事会运作的重要外部条件，可能影响两者的合作效率、进而影响董事会职能发挥。

社会心理学历来重视信任的作用。Huse 认为，董事会与高管团队之间相互信任是董事会有效运作的重要条件。两者之间越是相互信任，则管理层越是愿意，也更有信心与董事会交流相关信息，从而极大地便利董事会监督和战略顾问工作开展。与此同时，较高的信任度也使得董事会意见能够更为便利地传递给管理层，更加清晰地为后者所理解和执行，由此也就提高了公司治理的效率。因此，提出如下假设：

H7.4——董事会—管理层相互信任程度与董事会监督、战略、服务效率正向关联。

（二）**数据来源及样本**

实证研究数据来源于我们针对公司董事会及高管成员开展的一项问卷调查（叶蓓等，2016）。

根据我国《公司法》，所有股份有限公司必须设立董事会，对于有限责任公司不做强制性规定。因此，我们将调查对象限制为股份有限公司的董事、董事会秘书或高管成员。

调查采用网络答题方式，通过调查公司向上述调查对象发放调查问卷。为避免信息重复，每家公司答题人限制为一人，调查周期为一个月。共计发放问卷 380 份，规定时间内收回问卷 313 份。通过手工核查，我们发现其中 105 份问卷存在明显错漏，予以剔除；最终回收有效问卷 208 份，有效问卷率 54.73%。

经查验，208 份调查问卷 IP 地址无重复，地理位置分布合理，覆盖华北、华东、华中及西部各主要经济区域（参见图 7.2）。

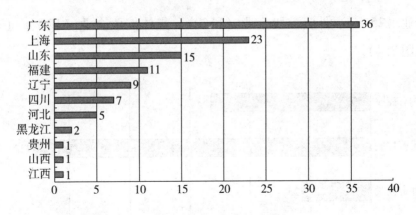

图 7.2　样本公司地理分布

答题人职位多样，其中董事会主席或副主席占 15%，董事或董事会秘书占 45%，CEO 或副总经理占 28%，其他高管成员占 9%（参见图 7.3）。我们对各职位分组答题情况进行了统计，未发现分组得分存在显著差异，各组得分距总样本平均得分偏离度在 -0.71% 和 2.41% 之间。

从所有制结构看，民营企业占总样本的 54%，其次是国有控股

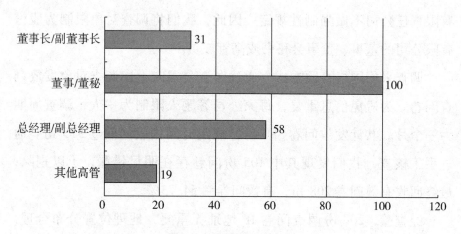

图7.3 答题人职位分布

企业（25%）、外资控股企业（11%）、集体控股企业（10%）（参见图7.4）。

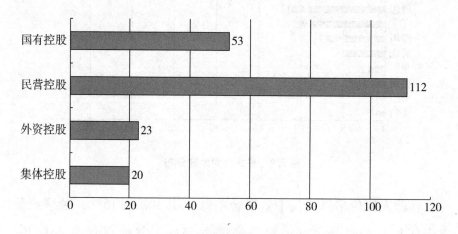

图7.4 样本公司控制人类型

被调查企业最大雇佣规模33000人，最小雇佣规模仅52人，样本企业平均雇佣员工1890人。受调查方式和调查对象限制，我们的被调查者属于中小规模股份有限公司。考虑到以往相关实证研究多依赖证券市场公开数据，针对上市公司等大型企业开展，该调查或将提供一个有益的补充。鉴于董事会行为涉及公司隐私，具有一定的敏感和争议性，问卷采用匿名方式答题。

（三）问卷设计及信度效度

基于研究目标，我们参考 Zona 和 Zattoni，以及 Ees 等人的量表，设计了内容涵盖董事会特征、行为过程及治理有效性评价的调查问卷。其中的主观性问题（董事会监督有效性 EFFMON、战略有效性 EFFSTR、服务有效性 EFFSER、信息获取 INFOR、信任关系 TRUST、认知冲突 CONFLICT 等）采用李克特五分量表法进行测度，即提供一系列判断陈述，由答题人用 1～5 进行评分，1 代表"完全不同意"，5 代表"完全同意"。各量表项目及依据参见表 7.1。

表 7.1　量表项目及依据

	量表符号	含义	量表项目	量表依据
董事会有效性	EFFMON	监督有效性	董事会 有效监督管理层日常行为； 有效监督公司战略的实施； 与管理层有明确分工	Ees 等
	EFFSTR	战略有效性	董事会 有效制订长期战略； 有效领导公司运作； 有效化解危机； 有效干预管理层任命	Zona 和 Zattoni

续表

	量表符号	含义	量表项目	量表依据
董事会有效性	EFFSER	服务有效性	董事会高效提供 管理咨询； 法律咨询； 财务咨询； 技术咨询； 营销咨询	Ees 等
信息获取	INFOR	信息获取水平	董事会 与管理层在重大事项决策前充分沟通交流； 经常从公司高管以外其他内部渠道获取信息； 从公司高管以外其他内部渠道获取信息及时准确； 经常从外部渠道（如咨询公司、客户、供应商等）获取信息； 从外部渠道获取的信息及时准确	Sharpe
信任关系	TRUST	董事会对管理层技能、知识、判断和行动的信任度	董事会 相信管理层拥有充分的知识和经验； 相信管理层愿意寻求咨询建议； 乐意授权高管人员充当自己的代言人； 乐意为管理层提供建议； 乐意与管理层交换意见	Ees 等 Gillespie

续表

量表符号	含义	量表项目	量表依据
认知冲突	CONFLICT	董事会会议中的认知冲突状况	董事会内部 日常活动经常出现冲突和不同意见； 经常在决策时出现冲突和不同意见； 经常就工作方式产生不同意见； 经常就如何达成某个目标产生冲突	Zona 和 Zattoni McNulty

利用 SPSS 20.0 统计软件的信度模块对问卷可靠性进行分析，Cronbachs∝系数为 0.836（26 项），说明内部一致性很好。效度方面主要采用因子分析检验问卷的结构效度。首先利用 SPSS 20.0 统计软件对各层面进行 KMO 和 Bartlett 球体检验。结果显示，Bartlett 球体检验 sig 值均为 0.000，非常显著；除认知冲突外，其他各层面 KMO 值均在 0.6～0.7，根据 Kaiser 的观点，适合做因子分析；认知冲突层面 KMO 值为 0.534，相对较低，但也属于可以做因子分析的范畴。①

接着采用主成分分析法提取各层面主成分，得到因子载荷；删除了个别载荷较低（低于 0.4）项目后，确定项目个数及信度指标如表 7.2 所示；6 个变量的 Cronbachs∝系数在 0.517～0.939，表明量表内部一致性在可接受范畴（曾五一，黄炳义，2005）。

---

① 根据 Kaiser，KMO 系数在 0.9 以上非常适合做因素分析，0.8～0.9 比较适合做因素分析，0.7～0.8 可以做因素分析，0.6～0.7 为一般适合，小于 0.5 时不宜做因素分析。

表7.2 变量信度检验结果

变量名称及符号	项目个数	Cronbach's ∝
监督有效性 EFFMON	3	0.599
战略有效性 EFFSTR	4	0.615
服务有效性 EFFSER	4	0.567
认知冲突 CONFLICT	4	0.939
信息获取 INFOR	3	0.517
信任关系 TRUST	3	0.715

（四）变量描述性统计与相关性

上述各量表变量取本组项目数据平均数。模型中反映董事会努力水平的两个变量分别是：年均开会次数 MEETFREQ 和年均出席率 MEETATTD。各变量描述性统计及相关系数参见表7.3。

表7.3 描述性统计及相关性

	N	均值	标准差	1	2	3	4	5	6	7	8	9
1EFFMON	208	4.223	0.510	1								
2EFFSTR	208	4.266	0.427	0.459***	1							
3EFFSER	208	4.264	0.433	0.470***	0.733***	1						
4INFOR	208	4.215	0.489	0.341***	0.338***	0.398***	1					
5MEETFREQ	208	6.601	4.514	0.021	0.200***	0.210***	0.168**	1				
6MEETATTD	208	91.019	8.731	-0.023	-0.114	-0.028	0.133	-0.063	1			
7TRUST	208	4.066	0.449	0.285***	0.425***	0.445***	0.219***	0.068	-0.115	1		
8CONFLICT	208	4.066	0.776	0.111	0.080	0.075	0.302***	0.046	0.042	0.162**	1	
9BSIZE	208	9.563	3.206	0.049	0.099	0.053	0.065	-0.061	-0.107	0.093	0.051	1

注：***、**、*分别表示在1%、5%、10%的水平显著。

从表中可以看出，董事会监督、战略及服务有效性三个指标相互间显著正向相关，战略与服务职能之间高度相关。如前述，董事会的战略职能发挥与服务职能发挥都需要较多调动董事会成员的专业知识经验，因此这种较高的正向相关关系是合理的。

解释变量中，信息变量 INFOR 和信任变量 TRUST 与所有董事会有效性变量在 1% 的显著性水平上正向相关，倾向于支持 H7.1 和 H7.4 假设。至于会议行为方面，董事会会议频率与董事会战略、服务有效性之间在 1% 的显著性水平上正向相关，与董事会监督有效性之间关系不显著。最后，相关性分析显示，董事会认知冲突 CONFLICT 与其监督、战略或服务有效性变量之间的关系均不显著。

解释变量 INFOR 与 MEETFREQ、TRUST、CONFLICT 之间显著正相关，不过相关系数较低（绝对值最大为 0.302）。

（五）回归结果分析

使用 SPSS 20.0 统计分析软件对董事会治理有效性模型进行多元线性回归分析，回归结果如表 7.4 所示。

表 7.4　多元线性回归结果

	EFFMON（模型 7.1）	EFFSTR（模型 7.2）	EFFSER（模型 7.3）
Constant	2.295 ***	1.965 ***	1.385 ***
INFOR	0.324 ***	0.233 ***	0.284 ***
MEETFREQ	（0.043）	0.098 **	0.101 **
MEETATTD	（0.002）	− 0.005	− 0.001

	EFFMON (模型 7.1)	EFFSTR (模型 7.2)	EFFSER (模型 7.3)
TRUST	0.248 ***	0.336 ***	0.364 ***
CONFLICT	(0.009)	−0.035	−0.049
BSIZE	0.000	0.007	0.001
N	208	208	208
F	6.704	12.854	15.585
ΔR^2	0.142	0.256	0.297

注：***、**、*分别表示在1%、5%、10%的水平显著。

模型 7.1 检验各解释变量对董事会监督有效性的影响。回归结果显示，信息与信任变量对董事会监督有效性均有显著正向作用，支持 H7.1 和 H7.4 假设。会议频率、会议出席率以及认知冲突变量回归系数均不显著。

模型 7.2 和模型 7.3 分别检验解释变量对董事会战略、服务有效性的影响。回归结果表明，信息获取 INFOR 和信任 TRUST 变量对董事会战略、服务职能发挥均显示显著正向影响，支持前述 H7.1、H7.4 假设。会议频率 MEETFREQ 对董事会战略、服务职能发挥存在显著（5%水平）正向作用，支持前述的 H7.2.1 假设。未发现其他假设的支持证据。

由于调查问卷涉及较多主观评分问题，3 个模型的调整 R^2 都不是非常高，这也是此类研究通常存在的现象。相对而言，模型 7.2 和模型 7.3 的拟合度较好，表明我们选取的解释变量在解释董事会战略或服务绩效方面优于对监督绩效的解释。

结合回归结果，发现描述董事会行为心理各要素中，信息变量总是表现为与董事会治理显著相关，从而支持了 H7.1 假设。这一结果提示我们，在董事会的所有决策中，对信息的把握都是至关重要的。丰富信息源、提高信息质量，均有助于董事会更好地发挥治理作用。

董事会会议行为与治理有效性的关系未能得到一致的结果。我们发现，在会议频率、会议出席率两个指标中，显著发挥作用的是会议频率而非会议的出席率，该指标对董事会战略或服务职能发挥在 5% 的显著性水平上显示出正向影响，即董事会会议次数越多，则董事会越可能更好地履行战略与服务职责。对于监督有效性，该变量未显示出显著影响。考虑到模型 7.1 拟合度相对更低，我们认为这一现象可能是由于董事会监督模型即模型 7.1 中缺失了某些尚未获知的解释变量。

除了信息获取变量外，我们发现信任关系变量 TRUST 在 3 个模型回归中均显示出与董事会治理有效性显著正相关，因而支持了 Roberts 等人的观点，即信任关系有助于改善董事会治理效率。董事会与经理层之间相互信任，意味着董事会更加信赖经理团队的知识经验，愿意为后者提供必要的咨询意见；而后者也会在必要的时候主动寻求董事会的帮助；较高的信任度还意味着董事会乐意与经理层展开更多对话，乐意授权经理层在一定场合下担任自己的代言人。因此，在公司治理这个运作系统中，信任关系发挥者一种类似"润滑剂"的作用，减少了系统部件（董事会与管理层）之间的摩擦。此外，从信息角度来说，相互信任还使得经理层提供给董事会的信息能够更加客观、完整，从而减少了董事会误判的可能。

组织行为研究历来肯定认知性冲突在群体决策中的作用。然而，在我们的实证检验结果中，认知性冲突变量 CONFLICT 并未显示对董事会治理有效性的显著影响。由于问卷中认知冲突 CONFLICT 数据取决于答题人观察到的董事会冲突现象，然而现实当中认知性冲突（理性的、基于不同判断过程的冲突）与情绪式冲突（通常是非理性的）很难区分，上述结果的出现可能是由于答题人的回答掺杂有部分非认知性冲突因素。这一问题尚需要在今后研究中予以关注，通过找到更加合理的替代变量加以解决。

最后，多元回归结果显示，作为控制变量的董事会规模对董事会治理有效性并无显著影响。

上述 3 个回归模型 F 检验值在 1% 水平显著，说明方程总体成立。利用 SPSS 进行的多重共线性分析发现六个自变量的方差膨胀因子 VIF 均小于 1.21；鉴于各自变量之间的相关性较低（绝对值均小于 0.303），可以认为不存在严重的多重共线性问题。

（六）本章小结

董事会行为是否及怎样影响其治理效果，是近年来公司治理兴起的热点话题。然而，受制于董事会行为的隐蔽性，以及行为的难以量化，一直以来实证研究十分匮乏。本研究构筑了一个简化的董事会行为心理—治理有效性模型；试图通过问卷调查方式获取公司董事会行为过程及治理有效性的第一手资料，在此基础上考察行为过程对治理绩效的影响。通过对样本数据的多元回归分析有如下发现。

首先，在董事会行为诸要素当中，信息获取对董事会所有职能发挥均显示出显著促进作用。董事会的信息来源越是多元化，获取的信息越是及时、可靠，则董事会监督管理层、参与战略制定和提供顾问咨询的效能越高。这一研究结论与我们的假设以及此前Sharpe的理论分析相一致，提示我们：现实条件下董事会应当改变被动等待管理层报告的做法，积极主动地接近多种形式的信息源，同时注意甄别信息的质量。

其次，董事会与经理层相互信任关系的构建非常重要。回归分析显示，该信任水平对于董事会的监督、战略和服务职能发挥均显示出显著正向作用。相互信任使得信息能够更加便利地在管理层与董事会之间共享、流动，有利于提高董事会决策判断的准确性，进而提高董事会治理效率。

再次，就董事会尽职努力情况而言，我们分别使用董事会会议频率、会议出席率作为其努力水平的替代变量。在这两个变量当中，会议频率对董事会战略及服务职能的影响较为显著，会议出席率的影响不显著。

最后，有关董事会内部认知冲突的潜在影响，我们的实证检验未能提供具有统计意义的支持证据。一个可能的原因是，问卷的答题人事实上很难区分董事会内部的冲突到底是认知性的还是情绪性的。因此，该问题尚有待于在未来的研究中寻求更加可靠的替代变量加以检验。

总体而言，研究表明董事会行为过程中的相关要素可能影响和改变治理效能。在所涉及要素当中，信息获取和董事会—经理层信任状况格外重要。这一结论为董事会治理的完善提供了重要参考。此外，本实证样本数据来自规模相对较小的股份有限公司，由于此前相关研究基本都是针对大型公司，本研究提供了一个有益的补充。

八、董事会异质性与治理有效性实证研究
——基于企业多元化战略的考察

（一）问题提出

一直以来，有关董事会特征属性的研究侧重于董事会总体特征、而忽略了成员个体差异的影响。事实上，董事会成员在种族、年龄、性别、职业背景以及认知观、价值观方面始终存在差异，这种差异被称为董事会异质性（李小青，2012）。高阶理论认为，决策团队异质性是团队成员认知、技能、社会和职业联系的反映，为决策团队提供不同的信息和资源，以应对复杂多变的环境。认知心理学研究同样发现，团队成员背景差异有利于扩大团队知识面，避免群体思维。因此，理论上讲董事会异质性或许有利于其战略职能实现。当然成员之间的认知差距、利益冲突也可能加大群体决策过程的协调成本，降低运作效率，不利于公司战略意图的实现（Amason，1996）。

多元化是企业发展战略的重要一环，机遇与风险并存。在现代公司制企业中，作为最高战略决策机构的董事会，如何通过多元化

战略的制定实施提升公司竞争力，是一个值得研究的话题。一方面，多元化公司面临更加复杂的经营环境和更大的资源需求，擅长内部战略执行的经理层常常难以应付。此时，多样化构成的董事会不仅可以利用自身的知识和经验为经理层提供咨询建议，还可以充分利用发挥自身关系网络，满足战略执行中的资源需求（Lorsch 和 Ma-clver，1989）。另一方面，与多元化战略伴随的还有与之而来的风险。能否就可能面临的机遇和风险达成一致认识，并最终表现为集体意志，有赖于各董事成员的认知协调和利益协调。

鉴于此，本章以我国沪深两市上市公司为研究样本，研究董事会异质性对上市公司多元化战略及其实施效应的影响，以弥补董事会异质性研究的不足，为董事会战略治理职能的完善提供经验证据（叶蓓，2017）。

（二）相关理论与研究假设

1. 相关研究

有关企业多元化经营的研究以往主要集中于多元化动因、多元化与公司绩效的关系上；近年来，一些学者开始关注公司战略选择中决策者的作用。

资源依赖理论强调董事会资源在公司战略中的作用，认为董事资源及其与外界的联系降低了组织对环境的依赖（Pfeffer 和 Salan-cik，1978）。Hillman 和 Dalzie 认为，公司董事可以区分为内部人、商务专家、支持专家、社区影响者几种类型，不同类型的董事可以提供有益于公司的不同资源。

高阶梯队理论认为，高管人口学特征隐含着与工作任务相关的知识、信息、技能和经验，体现着他们的认知特征和认知差异。董事会成员基于自身认知基础和价值观对组织内外部面临的大量信息进行过滤、筛选和解释，应用于公司的战略选择，公司进入新领域的战略事件特别适合用于检验这种团队异质性的作用（Hambrick 和 Mason，1984）。

李维安等将董事会异质性区分为职业异质性和社会异质性——前者主要指董事会成员在专业背景、任职期限、教育经历等职业相关因素方面的差异，后者则包括性别、年龄、种族等与人口统计学特征相关的差异。他们认为：团队中的职业异质性在决策过程中更容易激起讨论，因而更为重要；社会异质性更多地与社会进程相联系，有利于消除成见、不信任以及情感冲突。

以上理论倾向于肯定董事会异质性在公司战略决策中的作用。然而，也有一些学者指出：董事会成员在职业背景、经历上的差异也可能导致他们在商讨事宜时难以达成一致，从而降低沟通和协调效率，妨碍战略决策的顺利达成；董事会异质性对于其治理作用发挥利弊皆存，利弊权衡结果取决于决策事项的性质（Vigdor，2004）。Page 认为，如果决策事项主要依靠群体信息和资源，则异质性的利益最为明显，然而对于需要群体成员协调一致的行动，异质性会加大群体内耗。

实证研究方面主要集中在董事会人口统计学特征及教育程度差异对公司战略和企业价值的影响上。一些学者对董事会中女性成员比例进行研究，认为董事会女性成员的加入有助于提高公司绩效

（Ahern 和 Amy，2012；Adams 和 Daniel，2009）；另有研究表明，性别和种族背景多样化的董事会有助于提升企业价值（Carter 和 Betty，2003）；Anderson 等人的实证分析表明，董事教育背景、国籍身份多样化有助于提升公司绩效。

李国栋、薛有志研究了董事会专业能力和关系能力对公司多元化战略介入有效性的影响，通过实证检验发现，董事会专业能力和适当的关系能力，特别是政治关系有助于提升多元化战略介入效应。不过，他们的研究关注点是董事会专业能力和关系能力总体水平，并没有对董事会内部职业特征的差异进行研究。李小青基于创新战略的中介作用，就董事会认知异质性对企业价值的影响进行了实证研究，发现董事会职能背景异质性与高科技企业创新战略显著正相关，董事会任期异质性与创新战略显著负相关，创新战略部分中介了董事会职能和任期异质性对企业价值的影响。他们的研究，为探究董事会异质性对公司多元化战略及其实施效应的影响提供了有益思路。

2. 研究假设

（1）董事会异质性与多元化战略

董事会异质性一般区分为社会异质性和职业异质性。前者主要指与人口统计学特征相关的成员差异，例如年龄、性别和种族差异；后者则主要包括与董事会任务特征相关联的职业特征差异，例如教育程度、专业经验、职业经历等。

从资源依赖角度看，董事会职业异质性对多元化战略效应的影响是普遍存在的。多元化战略的制定和实施需要公司决策层具有跨行业知识结构和经验。因此，董事会职业异质性，尤其是董事会成员专业经验的多样性无疑将发挥显著作用。来自不同领域的成员无形中拓宽了团队的信息范畴，各种观点和经验信息的集合碰撞有助于激发产生新观念、新想法，为团队提供更多的咨询建议（Steiner，1966）。多样化信息来源还有助于提高团队预测准确性，提高其意见建议以及投资决策评估的准确性（Sibert，2003）。由此，提出如下假设：

H8.1——董事会成员职业异质性有助于推动多元化战略实施。

多元化战略一方面需要董事会提供丰富的业务咨询顾问，另一方面又需要董事会经过集体讨论达成认知一致，而这要受到董事成员们认知特征的影响。与专业经验、教育背景等职业特征不同，董事年龄、性别、种族等人口统计学特征较少涉及多元化战略实施需要依赖调动的资源，却可能通过影响团队内部冲突与合作影响重大决策的实现。

相关研究表明，团队中基于性别、种族、年龄的社会分类容易导致团队内部形成小团体，团体内部成员经历积极情感，未被纳入的成员则会产生被排斥的消极情感，由此妨碍了团队成员间的沟通与合作。Williams 和 O'Reilly 认为，同质的团队能增加团队中的合作，人口统计学变量的异质性将增加冲突，减少社会整合。

因此，提出如下假设：

H8.2——董事会成员社会异质性不利于多元化战略实施。

（2）董事会异质性与企业价值

对于团队异质性与企业价值的关系，一直以来存在着两种对立观点。一种认为异质性使得团队成员能够获取更多认知资源，进而提高企业价值；一种则认为异质性加剧冲突，影响企业价值提升（刘嘉，许燕，2006）。

对于推行多元化的企业来说，董事会成员在知识结构、教育背景、职业经历等方面的差异有助于丰富多元化过程中的智力资源和人脉资源，减少不确定环境下的决策失误，因而对多元化战略绩效应当具有促进作用。然而，社会属性的差异，又使得多元化战略在制定和实施过程中可能面临更多的冲突和摩擦，加大多元化战略推行的成本。因此，我们提出如下假设：

H8.3——董事会成员职业异质性对企业价值有正向促进作用；

H8.4——董事会成员社会异质性对企业价值有反向阻碍作用。

（3）多元化战略的中介效应

多元化经营对企业价值的影响在理论和实务上历来存在争议。支持者认为，多元化企业具有规模经济和效率优势，可以共享营销渠道，经营多种产业和服务，或者利用现有的公司财务和法律等员工产来支持公司在不同行业的运作（Penrose，1959）。然而也有研究表明，多元化可能损害企业价值，其主要原因在于多元化企业对资本的错误配置，并且因此而导致"交叉补贴"，即用较强的业务部门的现金对较弱的业务部门进行投资。此外，多元化过程中管理者代理问题也更加突出（Rotemberg 和 Saloner，1994；Jensen，1993）。

事实上，导致多元化战略不能取得期望收益的原因很多，除了管理者自利动机导致多元化动机不当外，多元化战略内在的高度复杂性、专业性也是一个重要原因。现代董事会的职能已经从传统的监督治理、战略决策逐步扩展深入到咨询建议、资源提供、战略执行;董事会与管理者的关系已经由对立走向合作、由质疑走向协同推进战略实施。作为决策者与智囊团的董事会能否在是否多元化以及如何实施多元化战略上高效率达成共识,能否为企业提供多元化战略实施需要的各种经验、知识,并帮助企业突破资源瓶颈无疑至关重要。而这些因素均受到董事会成员社会特征和职业背景差异的影响。基于此,多元化战略对企业价值的复杂影响可能在一定程度上源于它中介和传递着董事会异质性对企业价值的影响。董事会成员职业背景和社会特征差异影响了多元化战略的推进实施,进而影响和改变着企业价值。故提出假设如下:

H8.5——多元化战略中介了董事会职业异质性对企业价值的影响。

H8.6——多元化战略中介了董事会社会异质性对企业价值的影响。

上述董事会异质性、多元化战略与企业价值之间的假设关系如图8.1所示。

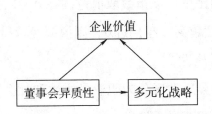

图8.1 董事会异质性、多元化战略与企业价值

（三）实证分析

1. 变量定义和测度

（1）多元化战略

有关企业多元化程度的衡量国内外存在多种方法，例如行业数目法、熵指数法、多元化指数法等（谢绚丽，赵胜利，2011）。行业数目法以一定的行业编码作为依据，可重复性较强，然而由于各个行业编码的分类密度不同容易导致差异。熵指数法将企业业务划分为若干个产业集群，以产业集群为单位计算熵指数即非相关多元化程度。受制于当前我国上市公司信息披露现状，公司产业集群界定较为困难，因而该方法应用受到限制。依据目前上市公司分行业收入信息披露情况，本研究采用 Blau 系数度量样本公司多元化程度，即：

$$DIV = 1 - \sum_{i=1}^{n} p_i^2$$

公式中，n 是企业经营的行业数目，p_i 是上市公司各行业营业收入占总营业收入的比重。该指数取值范围在 0～1 之间，取值越接近 1，说明多元化程度越高；越接近 0，则说明经营行业越是集中。

（2）董事会异质性

我们将董事会异质性区分为职业异质性和社会异质性。

第一，董事会职业异质性。

董事会职业异质性 HPRO 由四项异质性指标加总得到，即：

$$HPRO = HIND + HEDU + HTENURE + HMULTIDIR$$

其中，HIND、HEDU、HTENURE 和 HMULTIDIR 分别代表董

事会成员行业背景、教育程度、任职时间和在其他公司兼任董事数量方面的差异。董事会任职时间和兼任董事数量等数值型变量的差异性采用变异系数反映,任职时间以年度为单位,不满1年计为1。

对于行业背景差异,我们首先将董事行业背景区分为技术、营销、管理、人力资源、法律及其他几个大类。然后通过国泰安上市公司高管数据库获取董事会成员简历,经人工筛选识别后,根据如下公式测度董事会行业异质性:

$$HIND = 1 - \sum_{i=1}^{n} p_i^2$$

公式中,n 是行业背景数目,p_i 是某一行业背景的董事人数占董事会人数的比例。

对于董事会教育程度异质性,我们根据 CCER 上市公司高管数据库中的董事学历数据,将教育程度区分为中专及以下、大专、本科、硕士、博士、其他六个类别,依然采用 Blau 系数进行测度。

第二,董事会社会异质性。

社会异质性方面,鉴于目前上市公司董事会成员外籍人士并不多见,社会异质性指标 HSO 排除国籍异质性因素,仅纳入了性别异质性 HSEX 和年龄异质性 HAGE:

$$HSO = HSEX + HAGE$$

其中,性别异质性采用 Blau 系数计算确定;年龄异质性采用变异系数确定。

所有变量原始数据均取自国泰安上市公司高管数据库和上市公司年报。

（3）企业价值

借鉴相关研究做法，我们采用托宾 Q 衡量上市公司企业价值，托宾 Q 值取自观察年度末 CCER 上市公司财务数据库。

（4）控制变量

参考以往有关企业价值的财务研究文献，我们选取公司规模LNSIZE、资产收益率 ROA、资产负债率 DA 作为控制变量。其中，公司规模变量采用观察年度资产规模的自然对数。

具体变量定义如表8.1 所示。

表8.1　研究变量及含义

变量类型	变量符号	变量含义	取值方法及说明
因变量	Q	托宾 Q 值	采自 CCER 上市公司财务数据库
解释变量	HPRO	董事会职业异质性	$HPRO = HIND + HEDU + HTENURE + HMULTIDIR$
	其中：HIND	董事会行业背景异质性	$HIND = 1 - \sum_{i=1}^{n} p_i^2$ p_i 是各主要行业董事人数占董事会人数的比例
	HEDU	董事会教育程度异质性	$HEDU = 1 - \sum_{i=1}^{n} p_i^2$ p_i 是各种学历占董事会人数的比例
	HTENURE	董事任职时间异质性	变异系数
	HMULTIDIR	董事兼任异质性	变异系数
	HSO	董事会社会异质性	$HSO = HSEX + HAGE$

变量类型	变量符号	变量含义	取值方法及说明
因变量	Q	托宾 Q 值	采自 CCER 上市公司财务数据库
解释变量	其中:HSEX	董事会性别异质性	$HSEX = 1 - \sum_{i=1}^{n} p_i^2$ p_i 是男、女性别董事占董事会人数的比例
	HAGE	董事会年龄异质性	变异系数
中介变量	DIV	多元化程度	$DIV = 1 - \sum_{i=1}^{n} p_i^2$ pi 是上市公司分行业营业收入占总营业收入的比重
控制变量	ROA	资产收益率	净利润／总资产
	DA	资产负债率	总负债／总资产
	lnSIZE	公司规模	资产规模的自然对数

2. 模型设定

基于前述分析和变量设计,构建如下分层多元线性回归模型:

$$Q = \beta_0 + \beta_{1\sim2}H + \beta_{3-5}(Control) + \varepsilon \qquad (8.1)$$

$$Q = \beta_0 + \beta_{1\sim2}H + \beta_{3\sim5}(Control) + \beta_6 DIV + \varepsilon \qquad (8.2)$$

其中,H 代表异质性指标,分别指职业异质性 HPRO 和社会异质性 HSO。模型(1)用于检验董事会异质性对企业价值的影响;模型(2)用于检验多元化战略在这一作用过程中是否存在中介效应。

为避免自变量过量引起的多重共线性,借鉴以往相关研究,我们的模型只保留与研究目的最为相关的自变量及控制变量。

3. 样本与数据

研究样本为 2013 年沪深两市 A 股非金融上市公司，剔除非正常交易状态上市公司、无法获取董事会异质性数据的上市公司以及数据异常公司后，得到研究样本 1357 个。研究使用的数据取自 CCER 上市公司数据库、国泰安证券市场数据库及上市公司年报。其中，董事会异质性原始数据取自国泰安上市公司高管数据库以及上市公司年报，经手工分析比对后，按照前述公式生成相关异质性变量。上市公司分行业收入数据及其他财务数据取自 CCER 上市公司财务数据库。

4. 实证分析

（1）样本的描述性统计

表 8.2 列示了样本公司董事会的描述性统计和频数统计。从表中可以看出，1357 家样本公司的 13431 位董事平均年龄为 49.57 岁；平均任职时间为 4.27 年。行业背景方面，具有经济管理背景的董事占比最高，达到 38.8%，其次是技术背景董事，占比为 31.1%。教育程度方面，硕士以上董事占比过半，达到 60.7%，说明上市公司董事总体受教育程度较高。性别构成方面，男性董事占比为 86.5%，处于绝对优势。

表 8.2 样本公司董事会描述性统计/频数统计

	N	极小值	极大值	均值	标准差		
在职时间	13431	1	18	4.27	2.525		
年龄	13431	23	85	49.57	8.644		
行业背景	频率	百分比	教育程度	频率	百分比	性别	频率	百分比
技术	4176	31.1	中专及以下	3290	24.5	男	11613	86.5

行业背景	频率	百分比	教育程度	频率	百分比	性别	频率	百分比
营销	370	2.8	本科	190	1.4	女	1818	13.5
经管	5214	38.8	硕士	4466	33.3	合计	13431	100.0
人力资源	66	0.5	博士	3681	27.4			
法律	903	6.9	其他	1804	13.4			
其他	2702	20.1	合计	13431	100.0			
合计	13431	100.0						

表8.3列示了研究变量的描述性统计。

表8.3 变量的一般描述性统计

	N	极小值	极大值	均值	标准差
Q	1357	1.000	25.000	1.853	1.292
HPRO	1357	0.786	4.382	1.995	0.416
HIND	1357	0.000	0.857	0.618	0.128
HEDU	1357	0.000	0.996	0.660	0.206
HTENURE	1357	0.000	3.162	0.537	0.294
HMULTIDIR	1357	0.000	0.962	0.179	0.214
HSO	1357	0.037	0.789	0.369	0.176
HSEX	1357	0.000	0.500	0.207	0.161
HAGE	1357	0.037	0.347	0.162	0.054
DIV	1357	0.000	0.887	0.154	0.225
ROA	1357	−51.000	59.000	3.820	5.984
DA	1357	1.000	109.000	39.172	21.306
LNSIZE	1357	18.000	28.000	21.665	1.143

职业异质性方面，我们分别统计了样本公司董事会行业背景、教育程度、任职时间和董事兼任4个方面的差异性。平均而言，董事会教育程度差异大于行业背景差异（均值分别为0.660、0.618）；

董事任期差异大于兼职数量差异（均值分别为 0.537 和 0.179）。

社会异质性方面，董事会性别异质性均值较小，仅为 0.207；结合表 8.2 的性别频数统计，说明样本公司董事会普遍为男性主导，性别差异性相对较小。董事会年龄变异系数为 0.162，说明样本公司董事会年龄分布相对集中。

此外，样本公司多元化程度均值为 0.154，然而标准差达到 0.225，是均值的 1.46 倍，说明样本公司多元化程度存在较大差异。

（2）变量的相关分析

对各研究变量两两之间的关系进行 Pearson 相关分析，结果如表 8.4 所示。

表 8.4　变量 Pearson 相关分析

	Q	ROA	DA	LNSIZE	HSO	HPRO	DIV
Q	1						
ROA	0.162 ***	1					
DA	− 0.195 ***	− 0.369 ***	1				
LNSIZE	− 0.362 ***	0.028	0.518 ***	1			
HSO	0.007	0.066 **	− 0.103 ***	− 0.112 ***	1		
HPRO	0.037	− 0.079 ***	0.157 ***	0.120 ***	− 0.054 **	1	
DIV	0.011	− 0.048 *	0.171 ***	0.110 ***	− 0.074 ***	0.045 *	1

注：*** 、** 、* 分别表示在1%、5%、10%的水平显著。

从表 8.4 可以看出，样本公司资产收益率与企业价值之间在 1% 的显著性水平上正相关，财务杠杆度、公司规模与企业价值均在 1% 显著性水平上表现出负相关。董事会社会异质性 HSO 与公司多元化程度 DIV 之间在 1% 的显著性水平上表现出负相关；职业异质性 HPRO 则在 10% 的显著性水平上与多元化程度正向关联。相关性分析支持前述 H8.2、H8.1 假设。

Pearson 相关分析中，董事会异质性指标与企业价值、多元化程度指标与企业价值两两之间的关系均不显著，这可能是由于它们对企业价值的影响是间接、非主导的，其作用发挥受到其他影响因子的干扰。为此，我们进一步控制对企业价值有显著影响的资产收益率、财务杠杆度、公司规模因素，分别就董事会异质性、多元化程度与企业价值进行偏相关分析，结果显示（参见表 8.5）：董事会社会异质性与企业价值在 10% 显著性水平上负向相关；董事会职业异质性与企业价值在 1% 的显著性水平正向关联；这一结果与前述 H8.4、H8.3 假设一致。偏相关分析还显示，公司多元化战略在 5% 的显著性水平上与企业价值正向关联，说明在控制关键性财务指标后，样本公司多元化战略总体而言对企业价值提升发挥积极作用。

表 8.5 董事会异质性、多元化与企业价值的偏相关分析

控制变量	变量	Q	HSO	HPRO	DIV
ROA&LNSIZE&DA	Q	1.000			
	HSO	− 0.049 *	1.000		
	HPRO	0.096 ***	− 0.034	1.000	
	DIV	0.055 **	− 0.057 **	0.017	1.000

注：***、**、* 分别表示在 1%、5%、10% 的水平显著。

（3）多元回归分析

使用 SPSS 20.0 统计软件对模型（8.1）即董事会异质性对企业价值的影响进行检验，结果如表 8.6 所示（表中所列回归系数均为标准系数，下同）。

表8.6　董事会异质性与企业价值模型回归结果

列号	（1）	（2）	（3）	（4）
ROA	0.212 ***	0.216 ***	0.216 ***	0.218 ***
DA	0.102 ***	0.102 ***	0.093 ***	0.093 ***
LNSIZE	−0.421 ***	−0.427 ***	−0.427 ***	−0.433 ***
HSO		−0.054 **		−0.047 *
HPRO			0.084 ***	0.080 ***
R^2	0.167	0.170	0.174	0.176
调整 R^2	0.165	0.168	0.172	0.173
F	91.299 ***	69.818 ***	71.845 ***	58.282 ***
观测值	1357	1357	1357	1357

注：***、**、* 分别表示在1%、5%、10%的水平显著。

　　表8.6第（1）列列示了不包含董事会异质性因素的企业价值模型回归结果。与大多数财务研究一致，样本公司资产收益率、财务杠杆度与企业价值间存在显著正向关联，说明盈利能力以及债务杠杆运用有助于提升企业价值。公司规模与企业价值表现出显著反向关联，或许经营规模扩大降低了企业对外部环境的适应性，因而对企业价值产生减损。

　　表8.6第（2）（3）（4）列分别在上述模型中加入董事会异质性因素影响。回归结果显示，无论是分别考虑还是同时考虑两种异质性因素，董事会社会异质性始终对企业价值表现出显著负面影响，董事会职业异质性始终对企业价值表现出显著正向影响。所不同的是，兼顾两种异质性因素时，社会异质性影响的显著性水平有所下降（由5%显著性水平下降到10%显著性水平），职业异质性因素的正向影响则始终维持1%的显著性水平。总体而言，上述结果支持

H8.3、H8.4假设。回归方程调整R^2的变化表明，董事会异质性因素的加入使得企业价值模型的总体拟合程度有所提高。

那么，董事会异质性对企业价值的影响是否受到多元化战略中介效应的影响呢？根据 Baron 和 Kenny 以及温忠麟等提出的中介效应检验程序，第一步，我们对所有变量进行中心化处理（新生成变量在原变量名前加以字符 C 以示区别），对模型（8.1）进行多元线性回归分析，结果如表8.7第（1）（3）（5）列所示。

表8.7　多元化战略的中介效应检验

列号	(1)	(2)	(3)	(4)	(5)	(6)
CROA	0.216 ***	0.213 ***	0.216 ***	0.213 ***	0.218 ***	0.215 ***
CDA	0.102 ***	0.093 ***	0.093 ***	0.084 ***	0.093 ***	0.085 ***
CLNSIZE	−0.427 ***	−0.428 ***	−0.427 ***	−0.427 ***	−0.433 ***	−0.432 ***
CHSO	−0.054 **	−0.051 **			−0.047 *	−0.045 *
CHPRO			0.084 ***	0.081 ***	0.080 ***	0.077 ***
CDIV		0.049 *		0.049 **		0.046 *
R^2	0.170	0.172	0.174	0.176	0.176	0.178
调整 R^2	0.168	0.169	0.172	0.173	0.173	0.174
F	69.818 ***	56.147 ***	71.845 ***	57.629 ***	58.282	48.631 ***
观测值	1357	1357	1357	1357	1357	1357

注：***、**、* 分别表示在1%、5%、10%的水平显著。

回归结果显示，中心化处理后董事会社会异质性、职业异质性分别对企业价值产生显著的负向、正向影响，满足中介效应检验的第一个步骤要求。

作为中介效应检验的第二步，我们对中心化处理后的异质性变量与多元化战略进行 Pearson 相关性分析，结果显示（参见表8.8），社会异质性、职业异质性指标分别与多元化程度在1%和5%的统计显著性水平存在负向和正向关联，满足中介效应存在的第二个要求。

表8.8 中心化变量的 Pearson 相关性分析

	CDIV	CHSO	CHPRO
CDIV	1		
CHSO	− 0.084 ***	1	
CHPRO	0.063 **	− 0.108 ***	1

注：***、**、* 分别表示在1%、5%、10%的水平显著。

在此基础上，在前述企业价值模型中加入多元化战略变量，对模型（8.2）进行多元线性回归检验。

表8.7第（2）列显示：随着公司多元化战略变量的加入，董事会社会异质性依然在5%的显著性水平上对企业价值产生负向影响，然而影响程度略有下降（系数绝对值由0.054下降为0.051）；新加入的多元化战略变量则在10%的统计显著性水平上对企业价值产生正向影响。这一结果表明，公司多元化战略部分影响了董事会社会异质性对企业价值的影响。

表8.7第（4）列显示：随着多元化战略变量的加入，职业异质性对企业价值的正向影响依旧在1%的显著性水平上存在，然而影响程度有所削弱（系数绝对值由0.084下降为0.081）；多元化战略变量在5%的显著性水平上对企业价值产生正向影响。这一结果表明，公司多元化战略部分中介了董事会职业异质性对企业价值的影响。

最后，表8.7第（5）列同时考虑了两种董事会异质性因素对企业价值的影响；第（6）列对比列示了多元化战略变量加入后，各因素对业价值影响的变化。与单独考虑一种异质性因素的情形类似，随着多元战略的加入，董事会社会异质性、职业异质性的回归系数绝对值缩小，但仍具备统计上的显著意义；多元化战略对企业价值显示出 10% 显著性水平的正向影响。

总体而言，回归结果表明，公司多元化战略部分中介了董事会社会异质性及职业异质性对企业价值的影响。检验结果支持前述 H8.5、H8.6 假设。

最后，我们针对前述各回归模型进行了多重共线性诊断，结果显示各变量容差均在 0.571 以上，方差膨胀因子最大为 1.75，可以认为不存在明显的多重共线性问题。

（四）对两种异质性的再讨论

前述回归分析中，董事会社会异质性包含了性别、年龄两方面人口特征差异；职业异质性则由行业背景异质性、教育程度异质性、任期异质性和董事兼任异质性 4 方面因素构成。那么，在各种因素中，究竟哪一种因素发挥更为显著的影响，值得进一步探讨。为此，我们尝试用这 7 个明细指标代替社会异质性职业异质性综合指标进行回归分析，结果参见表8.9第（1）列（中心化处理后的变量回归结果）。由表中可以看出：社会异质性指标中，年龄异质性对企业价值显示出显著负面影响；性别异质性影响不具备统计显著意义。职业异质性中，对企业价值发挥显著正向影响的只有教育程度异质性和任期异质性；董事行业背景差异、兼职数量差异对企业绩效的影响并不显著。

由此，我们删除不具备显著影响的异质性因素，沿用前述方法对多元化战略中介效应再次进行检验。对比表 8.9 第（2）和第

（3）列可以发现：在不考虑多元化程度的情况下，董事会年龄差异对企业价值有显著负向影响，董事教育程度和任期差异对企业价值有显著正向影响；当在模型中加入元化战略变量后，上述董事会异质性的影响依旧显著，但系数绝对值即影响程度略有下降，与此同时多元化战略在 10% 的显著性水平上对企业价值产生正向影响。这一结果表明，多元化战略部分中介了董事会年龄、教育程度以及任期差异性对公司绩效的影响；研究结果支持前述 H8.5、H8.6 假设。

最后，对上述回归模型进行多重共线性诊断，结果显示回归中各变量容差均在 0.566 以上，方差膨胀因子最大为 1.768，可以认为不存在明显的多重共线性问题。

表 8.9　董事会异质性明细变量回归结果及多元化战略的中介效应

列号	(1)	(2)	(3)
CROA	0.217 ***	0.217 ***	0.214 ***
CDA	0.084 ***	0.085 ***	0.078 **
CLNSIZE	− 0.434 ***	− 0.432 ***	− 0.433 ***
CHSEX	− 0.016		
CHAGE	− 0.073 ***	− 0.076 ***	− 0.075 ***
CHEDU	0.070 ***	0.072 ***	0.071 ***
CHTENURE	0.073 ***	0.073 ***	0.072 ***
CHIND	− 0.015		
CHMULTIDIR	0.008		
CDIV			0.043 *
R^2	0.184	0.184	0.186
调整 R^2	0.179	0.18	0.181

续表

列号	（1）	（2）	（3）
F 值	34. 151 ***	51. 168 ***	43. 953 ***
观测值	1352	1352	1352

注：***、**、*分别表示在1%、5%、10%的水平显著。

（五）本章小结

战略职能是董事会最为重要的职能之一。多元化是许多企业在激烈市场竞争条件下的战略选择。因此，本章以多元化战略为例，研究董事会异质性对多元化战略的影响，及由此带来的对企业绩效的影响。研究发现如下。

首先，董事会职业异质性对公司多元化发展具有促进作用，对企业价值产生积极影响。这主要是由于董事会成员的职业特征差异使得董事会拥有更加丰富的知识、经验和业务资源，能够为公司多元化经营提供更加充沛的信息，从而减少多元化过程中面临的不确定性。有关职业异质性的进一步分析表明，各种职业异质性中对多元化战略及企业价值产生显著影响的主要是董事教育背景差异和任期差异。教育背景不同的个体拥有的知识类型和经验取向存在差异。任期较长的董事熟悉企业内部情况，然而容易陷入思维定式，走向僵化；新任董事反之。因此，保持董事人选适度的教育背景差异，做好董事任期上的搭配，对挖掘职业异质性的正向作用甚为重要。

其次，董事会社会异质性削弱多元化发展倾向，并对企业价值表现出显著负面影响。这或许是因为，人口特征差异使得董事会在集体决策过程中出现更多冲突与磨合，提高了多元化战略制定实施

的成本。有关社会异质性的进一步分析显示，董事年龄差异对多元
化发展及企业价值影响显著；董事性别差异的影响并不显著。这一
结果可能是缘于我国上市公司董事会性别比例过于倾斜，从而影响
了实证检验的效果。总体来看，适当减少董事年龄差距有助于缓和
董事会内部冲突，提高董事会决策议事过程的沟通效率，有助于公
司多元化战略的顺利实施和企业价值提升。

　　最后，多元化战略部分中介了董事会职业异质性和社会异质性
对企业价值的影响。研究表明，引入多元化因素后，董事会职业异
质性和社会异质性对企业价值的影响依旧显著，但影响力有所削弱；
多元化战略因素对企业价值显示出显著积极作用。这一结果表明，
董事会人口特征或职业特征差异并非简单、直接地作用于企业价值，
而是在一定程度上通过多元化战略的拟订、决策与实施发挥作用。
因此，要提高董事会治理效率，不能仅关注董事会结构的静态安排，
还要关注这种结构特征对董事会议事决策行为的影响，关注其对董
事会战略介入过程的影响。

　　上述结果对当前的董事会变革具有重要的启发意义。研究表明，
高效董事会构建不能一味追求规模、结构指标等静态特征改良，还
要兼顾团队内部年龄、知识、经验的合理搭配，努力实现资源互补，
合而不同，通过董会积极的战略参与和战略介入，将团队差异性利
益发挥到最大限度。

九、上市公司独董质疑的经验证据

在社会大众眼中，现代公司董事会常常沦为"表决机器"；董事会成员鲜少挑战或质疑管理层动议早已成为公开的秘密。作为股东利益的代表，董事会通过合议方式监督管理者，做出重大决策，为业务发展提供咨询建议。如果变成"一言堂"，缺少思想和观点的碰撞，那么集体决策的优越性就会丧失殆尽。

我国上市公司董事会主要由执行董事、非执行关联董事和独立董事构成。一般来说，执行董事直接或间接参与议案拟订和筛选；非执行关联董事出于利益关系，可能选择站队到管理层一方，因而甚少提出不同看法。相对而言，挑战管理层权威的任务更多地落到独立董事身上。遗憾的是，现实中的独立董事同样甚少提出质疑。独董为何沉默成为一个值得探究的话题。

沉默的理由很多，打破沉默却只需要一个。反观为数不多的独立董事质疑案例，或许有助于更好地了解董事投票行为中的个体和组织因素，从相反的视角为"人云亦云"现象把脉，以期在未来创造富于批判精神的治理文化和治理氛围。

一般说来，董事会议事过程隐蔽，获取投票信息比较困难。不过自 2004 年 12 月开始，上海和深圳证券交易所推出强制信息披露要求，上市公司必须公告董事会议案中的独立董事意见，包括提案事项、董事会表决结果、投反对或弃权票的独立董事姓名和理由等信息。由此，本章试图对上市公司独立董事发表非赞同意见（以下统称为"独董质疑"）情况展开研究，以期揭开董事会议事过程的黑箱（叶蓓，2018）。

（一）上市公司独董质疑的描述性统计

我们以 2011—2015 年沪深 A 股非金融上市公司为研究对象，通过国泰安 CSMAR 数据库采集独立董事个人特征和发表意见情况，以及相关上市公司财务和治理数据。在剔除金融类上市公司和数据缺失公司后取得 2812 个样本企业。

经统计，2011—2015 年上述公司仅有大约 3.2% 的独董在董事会会议中提出过质疑。若按照独董意见公告条目计算，独董质疑的公告条目仅占公告总数的 0.12%，一定程度上契合社会大众关于独立董事多为"橡皮图章"的印象。

经人工复检，2011—2015 年样本公司独立董事质疑行为合计 217 人次。表 9.1 分别列示了遭受质疑的董事会议案类型、独董意见类型和质疑原因。

由表 9.1（1）可知，从 2011 年到 2015 年，独立董事公开质疑个案数量呈现出总体上升趋势。质疑的议案内容主要集中在人事变动、投资收购及关联交易上。其中人事变动主要涉及公司高管和董事选聘，表明独立董事日益注重公司内部控制权配置问题；投资收购活动和关联交易方面的质疑主要源于对大股东掏空行为和中小股东利益受损的担忧。

表9.1　独董质疑的议案类型、意见类型及质疑原因

（1）独董质疑的董事会议案

	2011	2012	2013	2014	2015	合计	比例
人事变动	6	11	5	10	19	51	23.50%
薪酬	0	1	1	5	2	9	4.15%
年度报告	0	0	1	5	1	7	3.23%
关联交易	1	3	3	11	5	23	10.60%
担保事项	0	1	1	7	3	12	5.53%
投资收购	1	10	3	7	13	34	15.67%
审计事项	0	0	0	2	3	5	2.30%
股权变动	0	0	0	6	2	8	3.69%
募集资金	1	2	2	1	5	11	5.07%
资产变动	0	3	6	1	3	13	5.99%
其他	6	8	5	9	16	44	20.28%
合计	15	39	27	64	72	217	100.00%

（2）独董质疑意见类型

	2011	2012	2013	2014	2015	合计	比例
保留意见	1	0	4	2	3	10	4.61%
反对	7	6	5	11	26	55	25.35%
无法发表意见	0	5	2	2	7	16	7.37%
弃权	6	24	13	8	33	84	38.71%
提出异议	0	1	1	1	2	5	2.30%
其他	1	3	2	40	1	47	21.66%
合计	15	39	27	64	72	217	100.00%

（3）独董质疑的原因

	2011	2012	2013	2014	2015	合计	比例
信息不充分	1	0	3	1	10	15	6.91%
时间不充分	1	0	3	0	4	8	3.69%
缺乏相关专长	0	0	2	0	1	3	1.38%
可能损害股东利益	8	16	2	9	17	52	23.96%
公司治理存在缺陷	5	11	6	11	24	57	26.27%
出于谨慎考虑	0	12	10	42	14	78	35.94%
其他	0	0	1	1	2	4	1.84%
合计	15	39	27	64	72	217	100.00%

表9.1（2）依据上市公司公告列示了独立董事发表质疑的意见类型，包括"保留意见""反对""无法发表意见""弃权""提出异议"和"其他"等。数据显示：约25.35%的独立董事明确表示反对会议提案；约2.30%的独立董事提出异议；另有38.71%的独立董事以弃权方式表达了自己的质疑；其他独董则采用了"保留意见""无法发表意见"等更为温和的方式表达自己的不同意见。

根据上市公司公告陈述，进一步手工整理分析独立董事提出质疑的原因，发现引发独立董事质疑的原因各异，大体可以区分为以下几类：

①信息不充分，难以做出判断；

②获知议案信息的准备时间不充分；

③缺乏与讨论事项相关的专长和经验；

④方案可能损害广大股东利益；

⑤公司治理结构存在缺陷；

⑥出于谨慎考虑；

⑦其他。

表 9.1（3）列示了以上分类的统计结果，数据显示除 35.94%
的独董出于审慎性考虑外，公开质疑的主要原因是独立董事认为议
案导致公司治理出现较大缺陷或议案可能损害广大股东利益（分别
占质疑个案的 26.27% 和 23.96%）。此外，约 6.91% 的独董表示未
能掌握与讨论事项相关的足够信息，3.69% 的独董表示上市公司信
息提供不及时，导致无法发表意见。

（二）独董质疑的个人特征

独立董事投票行为从根本上说是基于讨论事项和个人判断。然
而认知和心理研究发现，人类对信息的甄别处理常常受到个体特征
影响。基于此前相关研究，我们尤其关注与独立董事声誉、职业经
验以及认知能力密切相关的个人特征。

1. 理论假设

首先，声誉是决定人力资本价值的重要因素。Yermack 认为，
职业生涯顾虑促使独立董事规避风险、珍视个人声誉；享有较高声
誉的独立董事更有可能对其认为有问题的董事会议案提出质疑。Fa-
ma 和 Jensen 也曾指出，如果独立董事不够尽职，未能及时质疑公司
管理层损害股东利益的行为，其个人声誉会受到损害，继而在其他
公司更难谋取独董职位。他们还提出，董事在其他公司兼任的董事
职位越多，说明其声誉和能力越强。Shivdasani 在研究美国企业敌意
收购行为时发现，兼任董事职位数量越多的企业，绩效越好。因而，

我们提出如下假设：

H9.1——独立董事在其他公司兼任独董职位越多，越有可能提出质疑。

除兼职数量外，也有学者认为独立董事津贴数额或可反映个人声誉；在人力资本市场中，声誉越高的董事人选应当享有更高的货币价值（叶康涛等，2011）。因此这里提出有关独董声誉的第二个假设，即：

H9.2——独立董事津贴数额越高，越倾向于提出质疑。

其次，职业经验影响行为主体信息筛选、加工和判断能力。独立董事的职业经验可以通过多方面的个人特质加以反映。例如，独董担任现职的时间长短决定了他对所在公司的了解程度；教育程度决定了他是否具有基本的知识储备和学习能力。此外，由于董事会议案多涉及年度报告、关联交易和投资等内容，需要独立董事具备必要的财务背景知识；以往研究也支持具有财务背景的独董能够更好地发挥监督作用（胡奕明，唐松莲，2008；DeFondetal.，2005）。因此提出如下理论假设：

H9.3——独立董事任现职时间越长，越有可能提出质疑。

H9.4——具有财务专业背景的独立董事更有可能提出质疑。

H9.5——独立董事教育程度越高，越有可能提出质疑。

再次，独立董事工作地点。上市公司部分独立董事工作地点与所服务公司注册地范围不一致，被称为"异地独董"。近年来，这一现象开始得到学界关注。孙亮、刘春认为异地独董的出现反映出一些公司弱化其监督作用、突出其咨询功能的动机。曹春方、林雁认为，异地独董由于更低的董事会出席率、公司更高的电话会议比例和较差的信息环境，在公司整体层面表现出监督无效，并导致更多过度投资行为。基于类似的原因，我们预测异地独董难以充分了解决策相关信息，因而难以发表不同看法，即：

H9.6——异地独董较其他独董较少提出质疑。

最后，有关独立董事人口特征如年龄、性别对其质疑行为的影响比较复杂。一般认为，男性或年龄较轻的管理人员容易表现出过度自信倾向，也更愿意表达个人看法。因而我们预测：

H9.7——男性独董提出质疑的概率较女性更高。

H9.8——年轻独董提出质疑的概率较年长者更高。

2. 均值分析

经整理统计，2011—2015 年前述上市公司先后聘有独立董事6312 人，然而仅 200 位独立董事曾经就会议议案提出质疑。① 我们将这部分有质疑行为的独立董事和不曾质疑的独立董事个人特征进行对比分析，利用 SPSS 统计软件进行均值分析，结果如表 9.2 所示。

表9.2 显示，平均而言，有质疑行为的独立董事公司兼任董事职位数量显著超过无质疑行为独董；平均年龄显著低于后者；其他个人特征方面的差异并不显著。

---

① 个别独董观察期间不止一次提出质疑，因而此处质疑独董人数与表 9.1 中独董质疑次数存在差异。

表9.2 无质疑/质疑独董的个人特征均值分析

	无质疑独董		质疑独董		均值检验 F
	均值	中值	均值	中值	
NUMBER	0.66	0.00	1.00	0.00	13.293 ***
COMP	64600.22	60000.00	65852.00	60000.00	0.108
TIME	27.84	20.00	25.84	20.50	1.631
FINBACK	0.46	0.00	0.48	0.00	0.297
DEGREE	2.11	3.00	2.21	3.00	0.413
GENDER	0.83	1.00	0.81	1.00	0.637
AGE	53.33	52.00	51.77	50.00	5.809 **
LOCATION	0.26	0.00	0.22	0.00	1.325
样本量	6112		200		

注:若独董在观察年度曾公开质疑董事会议案则为质疑独董,否则为无质疑独董。NUMBER:独董在其他公司兼任独立董事职位的数量;COMP:独董津贴数额,如在多家公司任职取平均值;TIME:任现值时间,以月数计算;FINBACK:是否具有金融或财务背景,有取1,无取0;DEGREE:学历,1 = 中专及以下,2 = 大专,3 = 本科,4 = 硕士研究生,5 = 博士研究生,6 = 其他(以其他形式公布的学历,如荣誉博士、函授等);GENDER:性别,男性取1,女性取0;AGE:独董年龄;LOCATION:工作地点与上市公司注册地为同一省份取1,否则取0。***、**、* 分别代表均值检验 F 值在1%、5%、10%水平上显著。

由于上市公司聘任独董时特别关注董事人选的职业声誉,现实条件下兼职较多的独立董事通常被认为具有较高职业声誉。因此上述结果表明,越是声誉较高的独董在重大事项上越是持谨慎态度;这样的独立董事对于没有把握的事项,即便不直接提出异议,也会选择弃权,或通过其他方式表明自己的疑问。这一结果符合前述假设 H9.1。然而与声誉假设 H9.2 不一致的是,两类独董在津贴方面均值差异并不显著。我们认为，这或许是由于当前缺少健全、透明的职业独立董事市场；市场定价不能反映独立董事的真实声誉价值所致。

人口特征方面，有过质疑行为的独立董事平均年龄显著低于其他独董；这一点与前述假设 H9.8 相符合。在其他条件相同的情况下，年轻董事或许由于"初生牛犊不怕虎"，较少受"人情世故"的影响，因而更愿意提出不同意见。

不同于叶康涛等的研究，我们发现除了兼职数量和年龄外，有质疑行为的独董其他个人特征与一般独董并不存在显著差别。

3. 个人因素的 Logistic 回归分析

为检验个体特征对独董投票行为的潜在影响，我们继而利用 SPSS 20.0 进行 Logistic 回归检验。因变量是独董投票行为二元变量，如果独董提出质疑则取 1，否则取 0。

表 9.3 报告了回归结果。其中模型 9.1 使用独董在其他公司兼任独董职位的数量作为声誉替代指标；模型 9.2 采用独立董事平均津贴作为声誉替代指标。

表 9.3　独立董事投票行为的个人因素

因变量：独董质疑行为	模型 9.1	模型 9.2
常量	− 2.318 ***	− 3.781 ***
NUMBER	0.130 ***	
LNCOMP		0.119
TIME	− 0.003	− 0.004
FINBACK	− 0.059	0.018
DEGREE	0.020	0.018

续表

因变量：独董质疑行为	模型 9.1		模型 9.2	
GENDER	-0.127		0.040	
AGE	-0.019 **		-0.016 *	
LACATION	-0.205		-0.187	
Cox & Snell R^2	0.003		0.001	
Nagelkerke R^2	0.012		0.005	
HL 检验	卡方	Sig.	卡方	Sig.
	9.792	0.280	9.305	0.317
样本量	无质疑	有质疑	无质疑	有质疑
	6111	200	5547	182

注：回归因变量为独董是否曾经提出质疑，质疑取 1，否则取 0。为消除异方差影响，独董薪酬取薪酬的自然对数。其他变量含义参见表 9.2 附注。***、**、* 分别代表在 1%、5%、10% 的水平显著。

模型 9.1 回归结果显示，独立董事兼任的董事职位数量对其质疑行为有显著正向影响，即越是兼任董事职位较多、具有较高声誉的独立董事，越是有可能就公司议案提出质疑。这一点与我们的理论假设 H9.1 一致，即高声誉独立董事出于维护自身声誉的需要，对讨论事项态度更加审慎。此外，独立董事年龄与质疑行为显示出显著负面关系，越是年轻的独立董事反而越是有可能提出质疑；这也印证了前述假设 H9.8，说明年轻人或许由于较少受到组织内部权威影响，更乐意开展批判性思维和表达不同看法。其他人口特征对独立董事投票行为的影响均不显著。

模型 9.2 回归结果中，独立董事的年龄在 10% 的显著性水平上与其质疑行为发生概率存在负向关联，符合前述 H9.8 假设；然而，独董平均薪酬以及其他人口特征对投票行为的影响均不显著。我们认为产生这一现象的原因或许在于，在缺乏健全有效的独立董事市场背景下，独立董事津贴数额不能充分反映其人力资本价值和职业声誉，因而出现与模型 9.1 不相一致的结论。

两个模型回归的 HL 检验 P 值均大于 0.10，说明可以接受原假设即模型能够很好拟合数据；然而模型 9.2 的 Cox & Snell R^2 和 Nagelkerke R^2 明显低于模型 9.1，说明模型 9.2 的拟合度相对较差。

总的来看，结合均值分析和回归检验结果，我们发现有质疑行为的独立董事具有行业声誉相对较高、年龄相对较轻的特点；回归分析表明董事的兼职数量、年龄大小显著影响其提出质疑的概率。至于其他个人特征，如任职时间、专业背景、教育背景、性别及工作地点等对其投票行为的影响并不显著。

（三）独董质疑的组织特征

个体在群体决策中的投票行为不仅受个人特质影响，更有可能因组织特征和治理氛围而改变。由此带来一个问题，即是：那些独立董事曾经质疑的公司与独立董事从不质疑的公司在组织特征以及公司治理方面是否存在显著差异？换而言之，前者之所以提出不同意见，除了个人因素外，是否也得益于公司特征或是制度方面的宽容鼓励？

这里，我们尤其关注公司治理特征的潜在影响，原因是相对于其他特征，公司治理更多地体现人为制度安排，具有可操控调节的特点；如若研究结果支持其相关性，对于未来改善董事会议事氛围更加具有政策意义。

1. 理论假设

（1）公司特征与独董质疑

公司业绩、财务杠杆和公司规模是以往研究经常使用的公司特征变量。已有研究认为，当公司业绩不佳时，外部董事独立性可能加强；董事会在公司面临危机时更有可能采取积极行动（Mace，1986）。Warther，Hermalin 和 Weisbach 也指出，公司业绩下滑时，董事们担心未来声誉和报酬受损，可能积极推动管理层变更。因此，有如下假设：

H9.9——公司业绩不佳时，独立董事提出质疑的概率较大。

财务杠杆方面，过高的财务杠杆使得公司破产风险加大。在此背景下一些重大投资并购活动可能因为不确定性太大而遭到质疑。事实上，表9.1（3）显示，样本当中有约35.94%的独立董事出于谨慎考虑提出异议。因此，提出如下假设：

H9.10——财务杠杆较高的公司，独立董事提出质疑概率较大。

公司规模对独董质疑的影响，目前尚缺乏相关的经验证据。一方面，大型公司通常更容易聘请到声誉卓著的独董，基于维护声誉的考虑，后者具有较强的质疑能力和质疑动机；另一方面，大公司人脉关系复杂，董事会内部容易形成排斥外部的小团体，反而抑制独立董事意见表达。因此，有关公司规模对独董质疑的影响，我们留待后续实证部分进行检验。

（2）治理特征与独董质疑

以往研究表明，公司治理结构可能会影响董事会行为（John 和 Senbet，1998；Vafeas，1999）；然而公司治理对于独立董事公开质疑行为的影响比较复杂。叶康涛等认为，当公司治理结构比较合理的时候，由于代理成本相对降低，从理论上讲独立董事提出质疑的情形可能减少；但与此同时，良好的公司治理结构往往也会鼓励独立董事发表不同看法。

在诸多公司治理要素中，我们重点关注董事会独立性、股权结构以及两职合一对独董投票行为的影响。

首先，董事会独立性可以通过董事会中的独董比例反映。独董比例越高，说明董事会独立性越强；此时独立董事受管理层、大股东干预的可能性相对减少，提出质疑的概率较大。因此有如下假设：

H9.11——独立董事比例较高的公司，提出公开质疑的可能性较大。

其次，股权结构可能影响董事会成员构成。上市公司董事提名常常受到大股东干预，因此股权越是集中，则大股东在董事会中安插亲信力量的可能性越大。当大股东与中小股东出现利益冲突，即所谓第二类委托代理冲突时，这部分董事的存在会对独董维护中小股东利益、发表质疑形成无形压力。由此我们提出如下假设：

H9.12——第一大股东持股比例越高，独董提出质疑的可能性越小。

除了大股东持股比例外，机构持股和管理层持股也是近年来公司治理研究热点。一般认为，相较于管理者，保险、养老、投资基金等机构股东更加关注公司长期价值，有利于防范管理层道德风险；管理层持股作为一种长期激励措施，同样有助于实现其与股东的利益协同。因此，机构或管理层持股比例较高的公司，可能较少出现损害全体股东利益的行为，其对于独董监督具有一定的替代作用。因此，有如下假设：

H9.13——机构持股比例较高的公司，独董质疑的可能性较小；

H9.14——管理层持股比例较高的公司，独董质疑的可能性较小。

再次，董事会议频率是反映董事会工作是否勤勉的重要表征。独立董事并不参与公司的日常经营，故获取相关信息通常集中于召开董事会议之时。因此，董事会议相对频繁的公司，意味着独立董事获取决策相关信息的机会相对增加，随着对相关事项了解加深，提出不同意见的可能性加大，即：

H9.15——董事会会议次数较多的公司，独董质疑可能性较大。

最后，总经理与董事长是否两职合一，对独立董事发表意见可能产生影响。在两职合一的公司中，董事长兼总经理拥有显著权威和更强的游说能力；出于维持内部凝聚力的需要，更有可能压制不同意见；还可能通过议题设置、备选方案和信息筛查干预董事会议的议程和走向。因此，出于权威服从、框架依赖或是锚定效应，独立董事提出不同意见的难度加大。因此提出如下假设：

H9.16——董事长/总经理两职合一的公司中独董质疑的可能性更小。

2. 均值分析

根据观察年度内上市公司是否有独立董事就会议议案提出质疑，我们将上市公司区分为无质疑公司和有质疑公司，继而对比两类公司在各组织特征方面的差异。表9.4列示了这两类公司的公司特征和治理特征均值分析结果。

表9.4 有/无质疑公司的组织特征均值分析

	无质疑公司			有质疑公司			均值检验 F
	均值	N	中值	均值	N	中值	
ROA	0.064	2693	0.061	0.052	113	0.067	0.092
LEV	0.414	2693	0.368	0.488	113	0.374	3.608 *
LNSIZE	21.607	2693	21.414	21.538	113	21.517	0.256
RINDIR	0.373	2692	0.353	0.371	113	0.357	0.316
RMSHARE	0.113	2693	0.000	0.074	113	0.000	4.450 **
1STSHARE	32.216	2693	29.540	26.519	113	21.740	14.308 ***
RINSHARE	7.410	2693	4.600	7.817	113	4.600	0.294
NUMBMEET	9.351	2693	8.800	10.804	113	10.000	20.087 ***
DUAL	0.276	2690	0.000	0.181	113	0.000	6.275 **
BSIZE	8.713	2692	8.800	8.813	113	8.800	0.408

注：ROA：资产收益率；LEV：资产负债率；LNSIZE：期末总资产的自然对数；RINDIR：独董比例；RMSHARE：管理层持股比例；1STSHARE：第一大股东持股比例；RINSHARE：机构投资者持股比例；NUMBMEET：年度董事会会议次数；DUAL：若董事长兼任总经理，取1，否则取0；BSIZE：董事会规模。为避免时间序列自相关，各组织特征变量均使用观察年度（2011—2015）平均值。***、**、*分别代表均值检验F值在1%、5%、10%水平上显著。

从表中可以看出，有独董质疑的上市公司与无质疑公司在财务杠杆、第一大股东持股比例、管理层持股、董事会会议频率以及两职合一状况方面差异显著。

首先，有质疑公司平均资产负债率（0.488）显著高于无质疑公司（0.414）；前者中值（0.374）同样超过后者（0.368），符合前述H9.10假设。然而两者在资产收益率或公司规模方面差异并不显著。

其次，出现过质疑行为的公司管理层持股及第一大股东持股比例均值显著较低，这与此前假设 H9.14、H9.12 相符。究其原因，大概是持股较少的管理者追逐私利、背弃股东利益的风险加大，独董容易对管理层提出的议案秉持怀疑态度；第一大股东持股比例低的公司，董事会被大股东操纵和把持的风险相对较低，为独立董事提出不同看法创造了较好的氛围和条件。

再次，有质疑公司平均每年董事会会议次数（10.804）显著高于无质疑公司；两职合一均值（0.181）显著低于无质疑公司，分别与前述 H9.15、H9.16 假设一致。董事会会议次数多的公司，独立董事通常对所讨论事项的了解更加充分，更有可能提出自己的不同看法；董事长与总经理两职合一加大了董事会内部权力极化现象，可能抑制不同意见的表达，导致独立董事提出质疑的概率相对较低。

除上述几方面因素外，有质疑公司和无质疑公司在其他治理特征上没有表现出显著的均值差异。

3. 组织特征的 Logistic 回归分析

为检验各公司或治理特征是否显著影响上市公司独董行为，我们继而进行组织特征的 Logistic 回归分析。回归分析的因变量是上市公司独董投票二元变量，即"上市公司观察年度（2001—2005）是否出现独董质疑"——出现过取 1，否则取 0。解释变量包括前述各主要公司治理特征变量和关键财务变量，如资产收益率、资产负债率和资产规模等。为避免同一样本公司时间序列自相关，除因变量外，其他变量均采用观察年度内的平均值。控制行业因素后，回归结果如表 9.5"全样本"列所示。

表 9.5　独立董事投票行为的公司因素

因变量：独董是否质疑	全样本		工业组	
常量	0.553		1.547	
ROA	−0.206		−0.230	
LEV	0.083		0.082	
LNSIZE	−0.183 **		−0.194 *	
RINDIR	−0.207		−0.305	
RMSHARE	−0.914		−0.479	
1STSHARE	−0.024 ***		−0.026 ***	
RINSHARE	0.002		−0.010	
NUMBMEET	0.100 ***		0.138 ***	
DUAL	−0.654 **		−0.937 **	
BSIZE	0.021		−0.075	
行业	已控制		已控制	
Cox & Snell R^2	0.017		0.023	
NagelkerkeR^2	0.059		0.078	
HL 检验	卡方	Sig.	卡方	Sig.
	6.741	0.565	5.707	0.680
样本量	无质疑	有质疑	无质疑	有质疑
	2690	113	1638	71

注：因变量是反映独董是否曾经质疑的二元变量；若上市公司观察年度董事会议案曾遭独董质疑，取1，否则取0。其他变量参见表9.4附注。为避免时间序列间自相关，各解释变量使用观察年度平均值。***、**、* 分别代表在1%、5%、10%的水平显著。

表中结果显示，各公司治理因素当中第一大股东持股比例、董事会会议次数、两职合一程度分别在1%、1%和5%的显著性水平上影响独董投票行为；第一大股东持股比例高、董事长总经理两职合一的公司更加不容易出现独董质疑情形；反之，董事会会议次数多、从而信息获取机会多的公司，其独董就议案提出质疑的概率越大。这一发现与前述相关理论假设及均值分析结果完全一致。回归分析未发现其他公司治理因素，如独董比例、管理层持股比例、机构持股比例、董事会规模等显著影响独董投票行为。

值得注意的是，与均值分析不同，Logistics 回归分析未发现管理层持股显著影响独董投票行为。此外，财务因素方面，回归结果显示上市公司盈利能力、财务杠杆与独立董事投票行为之间的关系并不显著；公司规模的影响却比较显著，越是大公司独立董事质疑行为的发生概率越低。我们认为，这或许是由于相对于大公司，小公司独立董事的意见会更为受到重视；因而他们在产生疑虑时会更加积极地发表看法。

以上全样本回归分析已经控制了行业因素的影响。另外我们还对其中占全部样本 63% 的工业公司进行了检验，结果参见表 9.5 的"工业组"列。从中可以发现，各影响因子的显著性和作用方向与总样本回归结果基本一致。

上述有关组织特征影响的 Logistic 回归 HL 检验值均大于 0.05，随机性表中观测值与期望值大致相同，说明模型整体拟合度较好。

（四）本章小结

董事会缘何沦为橡皮图章，极为罕见的质疑行为背后有无共同规律，这些问题一直困扰着董事会治理研究。本章利用我国上市公司独立董事意见公告，考察为数不多的独立董事质疑行为，为揭开董事会决策过程的黑箱提供了新的经验证据。

研究表明：我国上市公司独立董事表达不同意见方式多样；仅有约1/4的独立董事以"反对"或"提出异议"的方式明确提出质疑；更多独立董事选择以"保留意见""弃权"或是"无法发表意见"等委婉方式表达不同观点；独董质疑的事项主要集中在人事任免、投资收购或关联交易上；引发质疑的主要理由是出于谨慎性考虑以及对公司治理安排或中小股东利益保护方面的担忧。

通过对比有无质疑行为的独董个人及所在公司，我们发现两者在个体特征或公司特征的某些方面存在显著差异。个体特征方面，声誉较高的独董或年龄较轻的独董更有可能提出公开质疑；公司特征方面，董事会会议频率较高、股权集中度相对较低、董事长总经理两职分设以及规模相对较小的公司独立董事更容易表达不同看法。

本研究为了解董事投票行为提供了宝贵的经验证据，有助于更好理解隐藏在管理层背后的董事会行为机制。其政策意义在于：为构筑富有建设性冲突氛围的董事会，尽可能避免议事过程中的群体思维、羊群效应，在独立董事的聘用上应重视相关人选的职业声誉，适当聘用年轻有为的独立董事；与此同时，为创造各抒己见的讨论氛围，鼓励观点与思想的碰撞，在公司治理安排中宜适当减少股权的过度集中，通过董事长、总经理两职分设减少权力极化。

十、结　论

（一）全文总结

董事会治理为何失效？主流研究对此开展过大量研究，围绕规模、结构、激励、资源等问题展开探讨，各国也依此在治理实践中进行了调整完善。然而，时至今日"独董不独"、"独董不懂"、人云我云等现象在董事会决策中仍然大量存在，董事们在 CEO 提议前经常持默许态度，或是忽略重大负面信息等状况并未得到真正的扭转。

审视过往研究不难发现，主流研究存在一些明显局限，主要是：将董事会视为个体的简单加总，忽视其团队属性；对静态特征过分关注，导致对行为过程的忽略；重点关注理性人假设前提下的委托代理矛盾和激励不相容问题，忽略了认知心理影响。

本研究借鉴心理学、社会学、组织行为学的研究成果，力求从行为过程和认知心理视角剖析董事会治理的相关因素及影响，为董事会治理的完善提供新的经验借鉴。

研究的主要观点和结论如下。

第一，现代公司董事会是规模较大、成员精英化、从事非常规决策的工作团队，工作绩效因决策任务的复杂性难以精确评估。董事会治理主要通过一系列重大决策实现，且往往是有限理性和不确定条件下的行为决策，兼具对外权威性和对内共识性双重特征。

第二，信息是影响董事会治理的关键因素。委托代理关系以及日益增多的独立董事使得董事会处于严重的信息被动地位，由此影响董事会对重大事项的识别、分析、应对和决策。缓解信息被动的不利影响，需要董事会更加主动地开展信息获取活动。

第三，董事会与管理层相互信任是董事会治理的重要条件。良好的信任关系有助于维持双方长期稳定合作，有助于协调双方职能发挥，有助于调和两者在重大决策中的风险认知，因而对董事会各项治理职能的发挥具有理论上的促进作用。

第四，认知特征对董事会治理存在不可忽视的影响。个体或群体认知偏误容易导致董事会决策偏离理性。特别是，群体思维使得董事会议事过程缺乏批判性，人云亦云、附和权威、排除异见、回避冲突，结果造成集体智慧丧失，失去集体决策的意义。与之相反，董事会内部认知冲突和异质性则有助于改善决策质量，提高对管理层的监督威慑，因而对董事会治理具有理论上的促进作用。

第五，基于中小股份有限公司的调查研究表明，信息获取、董事会—管理层信任关系对董事会监督、战略、服务职能发挥均存在显著促进作用；董事会会议频率对其战略、服务绩效有显著促进作用。认知冲突的影响不显著，这一结果可能源于情绪冲突因素的干扰。

第六，有关董事会异质性与多元化战略的实证研究表明，董事会异质性显著影响多元化战略绩效。其中，职业异质性促进多元化发展，对企业价值产生积极影响；社会异质性削弱多元化发展倾向，对企业价值表现出显著负面影响；多元化战略部分中介了董事会异质性对企业价值的影响。

第七，基于上市公司独立董事质疑行为的研究表明，个体特征和组织特征对于独立董事公开质疑行为存在显著影响。个体特征方面，声誉较高、年龄较轻的独立董事更有可能提出公开质疑；组织特征方面，在董事会会议频率较高、股权集中度较低、董事长总经理两职分设以及规模较小的公司，独立董事更容易表达不同看法。

（二）政策意义与建议

研究在一定程度上揭开了董事会行为过程的"黑箱"，有助于解开董事会治理失效之谜，也为此前改革举措的局限性提供了诠释。

首先，研究表明信息和信任关系是影响董事会治理的重要因素，因此一味提高独立董事比例的结构化改革未必正确。独立董事席位增加固然有助于增强董事会独立性，防止利益冲突和道德风险，却可能带来了另一种弊端，即信息和信任关系的缺失。相较于执行董事或是外部关联董事，独立董事的日常活动超脱于企业之外，其关于公司事务的信息获取极其受限；而且独立董事多采用兼职形式，能够投入公司的时间和精力十分有限，使得其与管理层之间的沟通交流容易出现问题，影响两者之间信任关系的构建。因此未来的董事会结构化改革不应一味追求增加独立董事比例，而是要在独董制度的利弊之间加以权衡。此外，独立董事专业化也不失为一个可取的思路。

其次，作为精英聚集的群体，董事会却常常在重大决策中出现集体失误。本文从认知偏误角度进行解读，认为认知偏误可能是导致集体智慧丧失的重要原因。对于董事会这样的群体表决机构，群体思维倾向值得警惕。群体思维的发生多与组织内部凝聚力、结构和特定情境因素有关，因此需要通过一些人为制度设计降低其可能形成的危害。

基于此，未来的董事会治理变革不能仅关注委托代理冲突下的监督与激励，还应在以下方面多做工作。

1. 改善董事会的信息获取

（1）规范完善内部信息供给

管理层是董事会信息的主要来源。为防止经理人道德风险，尽可能保证董事会成员，特别是非执行董事信息获取及时、准确，必须通过制度化手段建立健全企业内部的信息供给。

对于新任职董事，除了安排其与主要高管沟通了解外，还应提供能够帮助其尽快熟悉公司状况的一系列信息，如公司章程及治理构架、近期战略部署及进度、当年财务预算及执行情况、上一年度会议纪要及当前进展中的重大事项、重要法律诉讼或纠纷信息、近期董事会会议文件，以及外部分析师意见等。

对于正常运作中的董事会，管理层除定期提供财务报告外，还应尽可能地提供给董事会成员全景式决策信息，如外部经营环境、产品市场、目标客户与主要竞争者、人力资源状况、主要供应商信息等。此外，管理团队变更、风险评估控制、重要股权变化以及上市公司股价变动趋势等都应当向董事会例行报告。

上述信息提供要注意时效性，即给董事会成员，特别是非执行董事留下足够的考虑准备时间，尤其是面临战略性决策时。

（2）培养建立独立、多样化的信息渠道

单纯从管理层得到的信息有可能偏颇或失真，导致董事会做出错误判断；不仅如此，信息距离感还会加重董事会权力被剥夺的感觉。因此，董事会还应当努力培养建立独立、多样化信息渠道。多样化的信息渠道可能来自企业内部，如公司非高管雇员，也可能来自企业外部，如供应商、主要客户，甚至是咨询公司、券商、政府监管部门。董事会成员应当有意识地利用自身资源和社交网络，争取获得更多与公司相关的信息，以加深对公司经营的了解，印证从经理人处获得的信息。扩大信息采集渠道要注意平衡好利用独立信息与尊重 CEO 内部权威之间的关系。要去除董事会获取额外信息的障碍，还需要一定的法律保障。

（3）注意信息的前瞻性，积极、主动参与目标设定

与管理层不同，董事会的价值主要体现在非常规事项方面，其所面临的问题或场景是以往未曾遭遇或鲜有雷同的。因此，董事会要想更好地发挥职能，不仅需要重视掌握和利用过往信息，还要积极把握前瞻式信息，这要求董事会更加积极地参与到战略形成过程当中，与管理层通力合作完成战略规划和目标设定。这样做可以获取更多必要的信息，更好地完成各种非程序性决策任务以增进公司

的价值。

需要注意的是，董事会在战略目标制订过程中的角色主要是参与，而不是主宰。一方面，只有让管理层主导目标制订，才能确保其日后有动力按照既定方向努力；另一方面，董事会参与目标制订的目的要在于便利信息获取、改进监督职能，而不是直接干涉公司日常管理。更多时候董事会可以考虑采取"议题设置"的方法，通过引导管理层的注意与思考，实现对战略目标形成过程的参与。

2. 促进董事会与管理层的相互信任与合作

传统公司治理过分强调对立、强调距离，不利于董事会与管理层之间信任关系的建立。相互信任是前者充分发挥治理职能的重要条件，是公司内部治理机制的润滑剂。因此，现实中公司董事会与管理层的关系需要重新定位。

在多种维度的信任关系中，认知信任是基础，它需要当事人理性地选择信任对象，并将之置于良好的理由基础上；情感信任以认知信任为基础，包含使个人黏合在一起的感情因素，通常只存在于紧密的人际关系中；制度信任则是由于行为人相信制度能够制止或降低风险的保障而建立起来的信任。现实条件下董事会成员与高管固然存在一定的情感联结，然而更多的要靠制度化的沟通、交流、认知，推动两者间的相互理解和信任；也唯有建立在制度保障基础上的信任关系才得以持久，并有利于双方使命的实现。

3. 努力营造建设性冲突氛围

建设性冲突是冲突各方目标一致、但因实现途径不同而产生的冲突。

　　要努力营造建设性冲突氛围，首先应该努力打造一支异质化团队。多样化构成的董事会团队可以更好地防止团队过度黏结，从源头预防群体思维发生；还可以通过资源互补助力公司战略目标的实现。未来董事会团队的建设，要尽量避免成员过分同质化，做到董事会成员知识、经验、经历、年龄、性别等要素的合理搭配。

　　其次，营造建设性冲突氛围需要改造现有的议事模式。如前文所述，可以考虑设立轮换的"魔鬼代言人"制度，使批判性讨论得到更好的制度保障；集体讨论阶段，董事长、CEO 应当尽量回避大部分会议，以避免过度的权威压力；讨论前要求管理层提供更多备选方案并充分检视备选方案的有效性；视决策议题适当邀请外部专家列席董事会会议；鼓励董事会成员与外部专家讨论并提出疑问等。

　　再次，基于此前"独董质疑"的统计分析，在董事聘任上，适当向声誉较高、年龄较轻的董事倾斜有利于董事会内部批判氛围的形成；公司制度上，尽量避免股权过度集中，避免董事长总经理两权合一，增加董事会会晤频率，也将有利于质疑和批判氛围的形成。

（三）研究不足与展望

　　从行为心理视角研究董事会治理目前还是新的尝试。本研究借鉴心理学、社会学、组织行为学的研究成果，从董事会的团队属性出发，基于行为过程和认知心理视角探讨董事会治理的潜在影响因素，有助于揭开董事会运行的"黑箱"，弥补以往研究的不足。

　　由于相关研究数量有限，缺乏成熟的理论框架，同时董事会行为相对隐蔽，心理研究面临较多变量观测、测度难题，研究存在很多局限和不足。

第一，对于董事会行为过程的考察主要聚焦于信息、信任关系、努力水平等因素。然而，董事会行为过程还存在其他值得考量的因素，如董事会文化。如何从不同的维度度量和刻画董事会文化特征，并将之嵌入现有的结构模型，需要在未来做进一步探讨。

第二，董事会认知特征极为复杂，本书重点探讨了群体思维、认知冲突对董事会治理的影响。至于董事会成员个体或其他群体认知特征对决策行为有何影响，又是如何影响，各种认知特征相互之间如何相互作用，这些问题有待未来进一步研究。

公司治理终究是人的治理。随着更多社会学、心理学研究成果向本领域渗透，期待更多学者加入这一研究行列，为推动公司董事会发展发挥更大作用。

参考文献

[1] Adams R, Daniel F. Women in the boardroom and their impact on governance and performance [J]. Journal of Financial Economics, 2009, 94 (2): 291 –309.

[2] Agrawal A, Knoeber, C R. Do some outside directors play a political role [J]. Journal of Law and Economics, 2001, 44 (1): 179 –198.

[3] Ahern K, Amy D. The changing of the boards: the impact on firm valuation of mandated female board representation [J]. Quarterly Journal of Economics, 2012, 127 (1): 137 –197.

[4] Alexander J A, Fennell M L, Halpern M T. Leadership instability in hospitals: The influence of board – CEO relations and organizational growth and decline [J]. Administrative Science Quarterly, 1993, 38 (1): 74 –99.

[5] Amason A C. Distinguishing the effects of functional and dysfunctional conflict on strategic decision making: resolving a paradox for

top management teams [J]. Academy of Management Journal, 1996, 39: 123 – 148.

[6] Amason A C, Schweiger D. Resolving the paradox of conflict: Strategic decision making and organizational performance [J]. International Journal of Conflict Management, 1994, 5 (3): 239 – 253.

[7] Anderson R, Reeb D, Upadhyay A, et al. The economics of director heterogeneity [J]. Financial Management, 2011, 40 (1): 5 – 38.

[8] Anderson R. Independent governance: Risk and assurance [R]. Consultants report for the OECD, 2009.

[9] Andrews K R. Director's responsibility for corporate strategy [J]. Harvard Business Review, 1980, 58 (6): 30.

[10] Angner E, Loewenstein GF. Behavioral economics [A]. In Maki U. (Eds.). Handbook of the Philosophy of Science: Philosophy of Economic [C]. Amsterdam: Elsevier, 2012: 641 – 690.

[11] Daily C M, Dalton D R, Canellaa A. Corporate governance: decades of dialogue and data [J]. Academy of Management Review, 2003, 28 (3): 371 – 382.

[12] Daily C M, Dalton D R, Rajagopalann. Governance through ownership: centuries of practice, decades of research [J]. Academy of Management Journal, 2003, 46 (2): 151 – 158.

[13] Bainbridge S M. Why a board? Group decision – making in

corporate governance [J]. Vanderbilt Law Review, 2002, 55: 1 – 55.

[14] Bainbridge S M. Director primacy, the means and ends of corporate governance [J]. Northwestern University Law Review, 2003, 97: 547.

[15] Bainbridge S M. The business judgment rule as abstention doctrine [J]. Vand Law Review, 2004, 57: 106.

[16] Baron R M, Kenny D A. The moderator – mediator variable distinction in social psychological research: conceptual, strategic, and statistical considerations [J]. Journal of Personality and Social Psychology, 1986, 51 (6): 1173 – 1182.

[17] Barros L, Silveira A M. Overconfidence, managerial optimism and the determinants of capital structure [OL]. Available at http: // ssrn. com/abstract = 953273. 2008.

[18] Beasley M S. An empirical analysis of the relation between the board of director composition and financial statement fraud [J]. Accounting Review, 1996, 71 (4): 443 – 465.

[19] Bedard J, Chotourou S M, Corteaul. The effect of audit committee expertise, independence, and activity of aggressive earnings management [J]. Auditing: A Journal of Practice and Theory, 2004, 23 (2): 13 – 35.

[20] Ben – David Iet al. Managerial overconfidence and corporate policies [OL]. AFA 2007 Chicago Meetings Paper Available at SSRN:

http: //ssrn. com/abstract = 890300. 2007.

[21] Berle A A, Means G C. The modern corporation and private property (2nd ed) [M]. New York: Harcourt, Brace and World, 1967.

[22] Bettenhausenk. Five years of group research: What we have learned and what needs to be addressed [J]. Journal of Management, 1991, 17 (2): 345 – 381.

[23] Bhattacharya R et al. A formal model of trust based on outcomes [J]. Academy of Management Review, 1998, 23 (3): 459 – 472.

[24] Blair M M, Stout L A. A team production theory of corporate law [J]. Journal of Corporation Law , 1999, 24: 751 – 807.

[25] Boulding K E. Conflict and Defense: a General Theory [M]. New York: Harper & Row, 1963.

[26] Byrne J. The best and worst boards: Our new report card on corporate governance [J]. Business Week, 1996, 11 (25): 98.

[27] Byrne J. The best and worst boards: our report card on corporate governance [J]. Business Week, 1997, 12 (8): 90 – 104.

[28] Byrd J W, Hickman K A. Do outside directors monitor managers? Evidence from tender – offer bids [J]. Journal of Financial Economics, 1992, 32 (2): 195 – 221.

[29] Carter D A, Betty J S, Simpson W G. Corporate govern-

ance, board diversity, and firm value [J]. Financial Review, 2003, 38 (1): 33 –53.

[30] Carter, C B, Lorsch, J W. Back to the Drawing Board: Designing Corporate Boards for a Complex World [M]. Boston: Harvard Business Press, 2003: 212.

[31] Cascio W F. Board governance: a social system perspective [J]. Academy of Management Executive, 2004, 18 (1): 97 –100.

[32] Changanti R S, Mahajanv, Sharma S. Corporate board size, composition, and corporate failures in the retailing industry [J]. Journal of Mana g ement Studies, 1985, 4 (22): 400 –417.

[33] Charness G, Sutter, M. Groups make better self – interested decisions [J]. Journal of Economic Perspectives, 2012, 26 (3): 157 –176.

[34] Coleman J S. Foundations of Social Theory [M]. Cambridge, MA: Harvard University Press. 1990: 99 – 101.

[35] Conger J, Finegold D, Lawler III E. Appraising boardroom performance [J]. Harvard Business Review, 1998, 76 (1): 136 –148.

[36] Dan N S, Marcos P S, Anne P M. Formalized Dissent and Cognitive Complexity in Group Processes and Performance [J]. Decision Sciences, 1994, 25 (2): 243.

[37] Denis D, Sarin A. Ownershi p and board structure in publicly

traded corporations [J]. Journal of Financial Economics, 1999 (52):
187 - 223.

[38] Das T K, Teng B S. Trust, control and risk in strategic alli-
ances: an integrated framework [J]. Organization Studies, 2001, 22
(2): 251 - 283.

[39] Davis J H, Schoorman F D, Donaldson L. Toward a steward-
ship theory of management [J]. Academy of Management Review,
1997, 22 (1): 20 - 47.

[40] Defond M, Hann R, Hu X. Does the market value financial
expertise on audit committees of boards of directors [J]. Journal of Ac-
counting Research, 2005, 43 (2): 153 - 193.

[41] Demb A, Neubauer F. How can the board add value [J].
European Management Journal, 1990, 8: 156 - 160.

[42] Devenow A, Welch I. Rational herding in financial econom-
ics [J]. European economic review, 1996, 40: 603 - 615.

[43] Dunne P. Running Board Meetings: How to Get the Most
From Them, 3d ed. [M/OL]. Reference and Research Book News
2005, 20 (4). http://search. proquest. com. proxy. lib. sfu.
ca/docview/199574107? accountid = 13800

[44] Dutton J, Jackson S. Categorizing strategic issues: links to
organizational action [J]. Academy of Management Review, 1987, 12
(1): 76 - 90.

[45] Ees H V, Laan G V D, Postma T J B M. Effective board behavior in the Netherlands [J]. European Management Journal, 2008, 26 (2): 84 - 93.

[46] Eisenberg T, Sundgren S, Wells M. Larger board size and decreasing firm value in small firms [J]. Journal of Financial Economics, 1998 (48): 35 - 54.

[47] Eisenhardt K M. Agency theory: An assessment and review [J]. Academy of Management Review, 1989, 14 (1): 57 - 74.

[48] Eisenhardt K, Bourgeois L. Politics of strategic decision making in high - velocity environments: Toward a midrange theory [J]. Academy of Management Journal, 1988, 31: 737 - 770.

[49] Eisenhardt K, Kahwajy J, Bourgeois L. How management teams can have a good fight [J]. Harvard Business Review, 1997, 75 (4): 77 - 85.

[50] Erickson E H. Childhood and Society (2nd ed.) [M]. New York: Norton, 1963.

[51] Fama E F. Agency problems and the theory of the firm [J]. The Journal of Political Economy, 1980, 88 (2): 288 - 307.

[52] Fama E F, Jensen M C. Separation of Ownership and Control [J]. Journal of Law and Economics, 1983, 26 (2): 301 - 325.

[53] Finkelstein S. Why smart executives fail [M]. New York: Viking Press, 2003: 37 - 89.

［54］Finkelstein S, D'Aveni R A. CEO duality as a double - edged sword: how boards of directors balance entrenchment avoidance and unity of command ［J］. Academy of Management Journal, 1994, 37 (5): 1079 - 1108.

［55］Forbes D P, Milliken F J. Cognition and corporate governance: Understanding boards of directors as strategic decision - making groups ［J］. Academy of Management Review, 1999, 24 (3): 489 - 505.

［56］Freeman E R, Reed D L. Stockholders and Stakeholders: A New Perspective on Corporate Governance ［J］. California Management Review, 1983, 25 (3): 88 - 106.

［57］Vanderlaan G. Behavioral Corporate Governance: Four empirical studies ［D］. Holland: University of Groningen, 2009. 21 - 39.

［58］Gillespie N A. Measuring Trust in Working Relationships: The Behavioral Trust Inventory ［R］. Academy of Management Annual Meeting: Seatle (WA). 2003. 10

［59］Güner A B, Malmendier U, Tate T. Financial expertise of directors ［J］. Journal of Financial Economics, 2008, 88: 323 - 354.

［60］Graham J R. Herding among investment newsletters: Theory and evidence ［J］. Journal of Finance, 1999, 54: 237 - 268.

［61］Greco G. Determinants of board and audit committee meeting frequency: Evidence from Italian companies ［J］. Managerial Auditing

Journal, 2011, 26 (3): 208 - 229.

[62] Griesinger D W. The human side of economic organization [J]. Academy of Management Review, 1990, 15 (3): 478 - 499.

[63] Guinnane T W. Trust: A concept too many [J]. Yale University Economic Growth Center Discussion Paper, 2005, (2): 907.

[64] Hambrick D C, MASON P A. Upper echelons: the organization as a reflection of its top managers [J]. The Academy of Management Review, 1984, 9 (2): 193 - 206.

[65] Hermalin B E, Weisbach M S. Endogenously chosen boards of directors and their monitoring of the CEO [J]. American Economic Review, 1998, 88: 96 - 118.

[66] Hill S. The social organization of boards of directors [J]. The British Journal of Sociology, 1995, 46 (2): 245 - 278.

[67] Hillman A J, Dalzie T. Boards of directors and firm performance: integrating agency and resource dependence perspectives [J]. Academy of Management Review, 2003, 28 (3): 383 - 396.

[68] Hunt J G, OSBORN R N, SCHERMERHORN J R. Organizational Behavior (10th Ed.) [M]. New York: John Wiley & Sons, 2008: 303.

[69] Huse M. Relational norms as a supplement of neo - classical understanding of directorates [J]. Journal of Socio - Economics, 1993, 22 (3): 219 - 240.

[70] Huse M. Accountability and creating accountability: a framework for exploring behavioral perspectives of corporate governance [J]. British Journal of Management, 2005, 16 (S1): 65 –79.

[71] Jackson S. Consequences of group composition for the interpersonal dynamics of strategic issue processing [A]. Dutton J, Huff A, Shrivastava P (Eds.). Advances in Strategic Management [C]. Greenwich, CT: JAI Press, 1992: 345 –382.

[72] Janis I L. Groupthink: Psychological Studies of Policy Decisions and Fiascoes [M]. Boston: Houghton Mifflin, 1982: 45 –190.

[73] Janis I L. Victims of groupthink: a psychological study of foreign policy decision and fiascoes [M]. Boston: Houghton Mifflin, 1972: 19 –51, 209 –215.

[74] Jehnk. A multimethod examination of the benefits and detriments of intragroup conflict [J]. Administrative Science Quarterly, 1995, 40: 256 –282.

[75] Jensenm. The modern industrial revolution, exit, and the failure of internal control system [J]. The Journal of Finance, 1993, 48 (3): 831 –880.

[76] Jiraporn P, Davidson III W N, DADALT P et al. Too busy to show up? An analysis of directors' absences [J]. The Quarterly Review of Economics and Finance, 2009, 49 (3): 1159 –1171.

[77] John K, Senbet L W. Corporate governance and board effec-

tiveness ［J］. Journal of Banking and Finance, 1998: 22 （4）: 371 – 403.

［78］Johnson J, Daily C, Ellstranda. Boards of directors: A review and research agenda ［J］. Journal of Management, 1996, 22: 409 – 438.

［79］Kaiser H F, Rice J. Little jiffy, mark IV ［J］. Educational and Psychological Measurement, 1974, 34 （1）: 111 – 117.

［80］Kao L, Chen A. The effects of board characteristics on earnings management ［J］. Corporate Ownership and Control, 2004, 1 （3）: 96 – 107.

［81］Kim H, Lim C. Diversity, outside directors and firm valuation: Korean evidence ［J］. Journal of Business Research , 2010, 63: 284 – 291.

［82］Kozlowski S W J, BELL B S. Work groups and teams in organizations, in Borman W C, Ilgen D R, Klimoski R J eds. , Comprehensive Handbook of Psychology: Industrial and Organizational Psychology ［M］. New York: John Wiley & Sons, 2003.

［83］Kor Y Y, Sundaramurthyc. Experience – based human capital and social capital of outside directors ［J］. Journal of Management, 2009, 35 （4）: 981 – 1006.

［84］Kruger J. Lake Wobegon be gone! The below – average effect and the egocentric nature of comparative ability judgments ［J］. Journal of Personality and Social Psychology, 1999, 77 (2): 221 –232.

[85] Ladipo D, Nestor S. Bank Boards and the Financial Crisis: A Corporate Governance Study of the 25 Largest European Banks [R]. Nestor Advisors, London, May, 2009.

[86] Langer E J, Piper A I. Television from a mindlessness/mind-lessness perspective [J]. Applied Social Psychology Annals, 1989, 11 (7): 23 –45.

[87] Lewis J D, Weigert A. Trust as a social reality [J]. Social Forces, 1985, 63 (4): 967 –985.

[88] Lin Y, Yeh Y M C, Yangf. Supervisory quality of board and firm performance: a perspective of board meeting attendance [J]. Total Quality Management & Business Excellence, 2014, 25 (3 – 4): 264 –279.

[89] Lipton M, Lorsch J W. A modest proposal for improved corporate governance [J]. Business Lawyer, 1992, 48 (1): 59 –77.

[90] Lorsch J, Maclver E. Pawns or Potentates: theReality of America's Corporate Boards [M]. Cambridge, MA: Harvard Business School Press, 1989.

[91] Mansbridge J. Altruistic Trust [A]. InMarkWarren (ed.), Democracy and Trust [C]. New York: Cambridge University Press, 1999.

[92] Mace M L. Directors: Myth and Reality [M]. Boston:

Harvard Business School Press, 1986: 33 - 36.

[93] Malmendier U, TATE G. CEO overconfidence and corporate investment [J]. Journal of Finance, 2005, 60: 2661 - 2700.

[94] Massen G F. An International Comparison of Corporate Governance Models: A Study on the Formal Independence and Convergence of One - Tier and Two - Tier Corporate Boards of Directors in the United States of America, the United Kingdom and the Netherlands [M]. Amsterdam: Spencer Stuart Executive Search, 2002: 32 - 39.

[95] Mclean B, Nocera J. The Smartest Guys in the Room: The Amazing Rise and Scandalous Fall of Enron [M]. New York: Portfolio, 2013.

[96] Mcnulty T, Florackis C, Ormrod P. Corporate Governance and Risk: A Study of Board Structure and Process [R]. ACCA, 2012. http: //www. accaglobal. com/middle - east/en/technical - activities/technical - resources - search/2012/august/corporate - governance - risk. html.

[97] Mcnulty T, Florackis C, Ormrod P. Boards of directors and financial risk during the credit crisis [J]. Corporate Governance: An International Review, 2013, 21 (1): 58 - 78.

[98] Mintzberg H. Power in and around Organizations [M]. Englewood Cliffs: Prentice - Hall, 1983: 81 - 86.

[99] Mohrman S, Cohen S, Mohrman M A. Teams and Technolo-

gy [M]. Boston, MA: Harvard Business School Press, 1995

[100] Monks R, Minow N. Corporate governance [M]. Cambridge, MA: Blackwell Business, 1995.

[101] Moore D A, Kim T G. Myopic social prediction and the solo comparison effect [J]. Journal of Personality and Social Psychology, 2003, 85 (6): 1121 –1135.

[102] Morck R K. Behavioral Finance in Corporate Governance – Independent Directors and Non – Executive Chairs [OL]. Available at SSRN: http: //ssrn. com/abstract =979880. 2007 –04 –11.

[103] Nicola F S. Questioning authority: the critical link between board power and process [J]. Journal of Corporate Law, 2012, 38 (1): 1 –52.

[104] Nikos V. Board meeting frequency and firm performance [J]. Journal of Financial Economics, 1999, 53 (1): 113 –142.

[105] Ocasio W. Political dynamics and circulation of power: CEO succession in U. S. industrial corporations [J]. Administrative Science Quarterly , 1994, 39 (2): 285 –312.

[106] O'connor M. The enron board: the perils of groupthink [J]. Social Science Electronic Publishing, 2011, 71 (4): 1233 –1320.

[107] Omri A. Multiple directorships and board meeting frequency [J]. Applied financial economics, 2014, 24 (13/15): 983 –992.

[108] Page S. The difference: how the power of diversity creates better groups, firms, schools and societies [M]. Princeton, NJ: Princeton University Press, 2007.

[109] Pallier G et al. The role of individual differences in the accuracy of confidence judgments [J]. Journal of General Psychology, 2002, 129 (3): 257.

[110] Paul B C, MUIC. 7 Ways to Fail Big [J]. Harvard Business Review, 2008 (9): 87.

[111] Penrosen E T. The Theory of the Growth of the Firm [M]. Wiley: New York, 1959.

[112] Persons O S. Corporate governance and non – financial reporting fraud [J]. Journal of Business and Economic Studies, 2006, 12 (1): 27 –38

[113] Pettigrew A M. On studying managerial elites [J]. Strategic Management Journal, 1992, 13 (S2): 163 –182.

[114] Pfeffer J, Salancik G R. The External Control of Organization: A Resource Dependence Perspective [M]. New York: Harper & Row, 1978.

[115] Prendergast C, Stole L. Impetuous youngsters and jaded old – timers: acquiring a reputation for learning [J]. Journal of Political Economy, 1996, 104: 1105 –1134.

[116] Pye A, Pettigrew A M. Studying board context, process and

dynamics: some challenges for the future [J]. British Journal of Management, 2005, 16 (S1): 27 -38.

[117] Roberts J, Mcnulty T, STILES P. Beyond agency conceptions of the work of the non - executive director: Creating accountability in the boardroom [J]. British Journal of Management, 2005, 16 (S1): 5 -26.

[118] Rose C. Does female board representation influence firm performance? The Danish evidence [J]. Corporate Governance: An International Review, 2007, 15 (2): 404 -413.

[119] Rotemberg J, Saloner G. Benefits of narrow business strategies [J]. American Economic Review, 1994, 84 (5): 1330 -1349.

[120] Rousseau D, Sitkin S, Burt R et al. Not so different after all: A cross - discipline view of trust [J]. Academy of Management Review, 1998, 23: 387 -392.

[121] Scharfstein D S, Stein J C. Herd behavior and investment [J]. American Economic Review, 1990, 80: 465 -79.

[122] Schrand C M, Zechman S L. Executive overconfidence and the slippery slope to financial misreporting [J]. Journal of Accounting and Economics, 2011, 53 (1 -2): 311 -329.

[123] Schweiger D, Sandberg W, Ragan J. Group approaches for improving strategic decision making: a comparative analysis of dialectical inquiry, devil's advocacy and consensus [J]. Academy of Management

Journal, 1986, 29 (1): 51 -71.

[124] Sharpe N F. The Cosmetic independence of corporate boards [J]. Seattle University Law Review, 2011, 34: 1435 - 1456.

[125] Sharpe N F. Questioning authority: the critical link between board power and process [J]. Journal of Corporation Law, 2012, 38 (1): 1 -51.

[126] Shepperd J A et al. Exploring the causes of comparative optimism [J]. PsychologicaBelgica, 2002, 42: 65 -98.

[127] Shivdasani A. Board Composition, ownership structure, and hostile takeovers [J]. Journal of Accounting and Economics, 1993, 16 (1 -3): 167 -198.

[128] Sibert A. Monetary policy committees: individual and collective reputations [J]. Review of Economic Studies, 2003, 70 (3): 649 -665.

[129] Steiner I D. Models for inferring relationships between group size and potential group productivity [J]. Behavioral Science, 1966, 11 (4): 273 -283.

[130] Steiner, I. Group Processes and Productivity [M]. New York: Academic Press, 1972.

[131] Stone D N, Sivitanides M P, Magro A P. Formalized dissent and cognitive complexity in group processes and performance [J]. Decision Sciences, 1994, 25 (2): 243.

［132］Stout Lynn A. In praise of procedure: an economic and be-havioral defense of Smith V. Van Gorkom and the business judgment rule ［J］. Northwestern University Law Review, 2001, 689: 96.

［133］Sundramurthy C, Lewis M. Control and collaboration: par-adoxes of governance ［J］. Academy of Management Review, 2003, 28 (3): 397 –415.

［134］Turner M E, Pratkanis A R. A social identity maintenance model of groupthink ［J］. Organizational Behavior and Human Decision Processes, 1998, 73 (11): 210 –235.

［135］U. S. Senate. The Role of the Board of Directors in Enron's Collapse, 9. http: //fll. findlaw. com/news. findlaw. com/hdocs/ docs/enron/senpsi70802rpt. pdf.

［136］Vafeas N. Board meeting frequency and firm performance ［J］. Journal of Financial Economics, 1999, 53 (1): 113 –142.

［137］Vigdor J. Community composition and collective action: an-alyzing initial mail response to the 2000 Census ［J］. Review of Econom-ics and Statistics, 2004, 86 (1): 303 –312.

［138］Wanous J, Youtz M. Solution diversity and the quality of group decisions ［J］. Academy of Management Journal, 1986, 29 (1): 149 –159.

［139］Warther V A. Board effectiveness and board dissent: a mod-el of the board's relationship to management and shareholders ［J］. Journal of Corporate Finance, 1998, (4): 53 – 70.

[140] Watson W, Michaelsen L. Group interaction behaviors that affect group performance on an intellective task [J]. Group and Organization Studies, 1988, 13: 495 – 516.

[141] Williams K Y, O'reilly C A. Demography and diversity in organizations: A review of 40 years of research [J]. Research in Organizational Behavior, 1998, 20: 77 – 140.

[142] Yermackd. Higher market valuation of companies with a small board of directors [J]. Journal of Financial Economics, 1996, 40 (2): 185 – 211.

[143] Yermack D. Remuneration, retention and reputation incentives for outside directors [J]. Journal of Finance, 2004, 59 (5): 2281 – 2308.

[144] Zahra S A, PEARCE J A II. Boards of directors and corporate financial performance: A review and integrative model [J]. Journal of Management, 1989, 15: 291 – 334.

[145] Zona F, Zattoni A. Beyond the black box of demography: Board processes and task effectiveness in Italian firms [J]. Corporate Governance: An International Review, 2007, 15 (5): 852 – 864.

[146] Zwiebel J. Corporate conservatism and relative compensation [J]. Journal of Political Economy, 1995, 103: 1 – 25.

[147] 布赖斯. 安然帝国梦 [M]. 沈志彦等, 译. 上海: 上海

译文出版社，2002.

[148] 曹春方，林雁. 异地独董、履职职能与公司过度投资 [J]. 南开管理评论，2017（1）：16 – 29 + 131.

[149] 陈宏辉，贾生华. 信息获取、效率替代与董事会职能的改进——一个关于独立董事作用的假说性诠释及其应用 [J]. 中国工业经济，2002（2）：79 – 85.

[150] 曾五一，黄炳艺. 调查问卷的可信度和有效度分析 [J]. 统计与信息论坛，2005（6）：13 – 17.

[151] 凤凰网. 华润无奈退出万科内部人士对此评价为：不甘心.

[152] 高明华，马守莉. 独立董事制度与公司绩效关系的实证分析——兼论中国独立董事有效行权的制度环境 [J]. 南开经济研究，2002（2）：64 – 68.

[153] 高明华，苏然，方芳，等. 中国上市公司董事会治理指数报告（2013）[R]. 北京：经济科学出版社，2013，12：1.

[154] 龚红，宁向东. 董事会战略信息的获取：传递路径、两难困境与方式选择 [J]. 湖南大学学报（社会科学版），2008，22（6）：55 – 58.

[155] 何立华. 信任的微观基础与宏观效应：一个理论综述 [J]. 太原理工大学学报（社会科学版），2009，27（4）：32 – 35.

[156] 何问陶，王金全. 我国独立董事制度的实证分析 [J]. 财贸经济，2002（9）：61 – 64.

[157] 胡奕明，唐松莲. 独立董事与上市公司盈余信息质量 [J]. 管理世界，2008 (9)：149 - 160.

[158] 胡泽淼. 后金融危机背景下的公司治理研究——以董事会制度改革为视角 [J]. 法制与社会，2010，28：109 - 110.

[159] 华生. 我为什么不支持大股东意见 [N]. 上海证券报，2016 - 06 - 24 (1).

[160] 纪晓祎，李丹丹，刘畅. 失败公司的董事会在做什么？ [J]. 商学院，2013 (10)：25.

[161] 蒋神舟. 关系差序偏好、董事会羊群行为与掏空 [J]. 南方经济，2011 (9)：3 - 16.

[162] 李国栋，薛有志. 多元化企业董事会战略介入有效性研究 [J]. 山西财经大学学报，2012，34 (9)：96 - 103.

[163] 李维安，刘振杰，顾亮. 董事会异质性，董事会断裂带与银行风险承担 [J]. 财贸研究，2014 (5)：87 - 98.

[164] 李维安，刘振杰，顾亮. 董事会异质性，断裂带与跨国并购 [J]. 管理科学，2014 (4)：1 - 11.

[165] 李维安，牛建波，宋笑扬. 董事会治理研究的理论根源及研究脉络评析 [J]. 南开管理评论，2009，12 (1)：130 - 145.

[166] 李伟. 基于资本治理理论的企业所有权安排——股东至上理论与利益相关者理论的逻辑统一 [J]. 中国工业经济，2008 (8)：122 - 128.

[167] 李小青. 董事会认知异质性对企业价值影响研究——基

于创新战略中介作用的视角［J］．经济与管理研究，2012（8）：14-22.

［168］刘嘉，许燕．团队异质性研究回顾与展望［J］．心理科学进展，2006，14（4）：636-640.

［169］刘江花，陈加洲．组织建设性冲突研究［J］．科技管理研究，2012（3）：207-209.

［170］刘绪光，李维安．基于董事会多元化视角的女性董事与公司治理研究综述［J］．外国经济与管理，2010，4：47-53.

［171］芦慧，柯江林．高层管理团队理论研究综述［J］．科技进步与对策，2010，27（1）：155-160.

［172］鲁桐．公司治理是企业发展的基础——安然覆灭的教训［J］．中国外资，2002（5）：28-31.

［173］鲁桐．金融危机后国际公司治理改革的动向及启示［J］．国际经济评论，2012（4）：108-120，7.

［174］陆玉龙．中远巨亏：董事会职能错位悲剧［J］．董事会，2013（4）：60-62.

［175］吕慧娟．浅析公司股东会与董事会的权力分界［J］，法制与社会，2009（12）上：379

［176］马乔．RIM独立董事集体不作为，巴尔斯利掌实权［EB/OL］．腾讯网科技频道.

［177］茅宁．董事会当责形成机制：一个概念模型［A］．中国管理现代化研究会．第五届（2010）中国管理学年会——公司治理

分会场论文集 ［C］. 中国管理现代化研究会，2010：9.

　　［178］慕亚垒. 董事会激励对非效率投资的影响研究 ［D］. 北京：首都经济贸易大学，2016.

　　［179］牛建波，刘绪光. 董事会委员会有效性与治理溢价——基于中国上市公司的经验研究 ［J］. 证券市场导报，2008 （1）：64 –72.

　　［180］乔纳森 R. 梅西. 公司治理中的董事会案例研究 ［J］. 董翔，译. 证券法苑，2015，15：475 –476.

　　［181］饶育蕾，史凤至. 董事会治理失效的行为金融学视角 ［J］. 董事会，2008 （7）：68 –69.

　　［182］饶育蕾，张轮. 行为金融学 ［M］. 上海：复旦大学出版社，2005：95.

　　［183］沈艺峰，陈舒乙. 董事会过度自信、CEO 变更与公司经营业绩关系的实证研究 ［J］. 管理学报，2009 （10）：1340 – 1346，1383.

　　［184］沈艺峰，张俊生. ST 公司董事会治理失败若干成因分析 ［J］. 证券市场导报，2002 （3）：21 –25.

　　［185］斯蒂芬·P. 罗宾斯，蒂莫西·A. 贾奇. 组织行为学 （第14 版）［M］. 孙健敏，李原，黄小勇，译. 北京：中国人民大学出版社，2012：385 –408.

　　［186］孙亮，刘春. 公司为什么聘请异地独立董事 ［J］. 管理世界，2014 （9）：131 –142，188.

[187] 孙喜平, 胡伟. 上市公司董事会激励与公司绩效实证研究 [J]. 山东社会科学, 2012 (10): 135 - 138.

[188] 万伟, 曾勇. 基于策略信息传递的外部董事占优型董事会投资决策机制研究 [J]. 管理科学, 2013, 26 (2): 72 - 80.

[189] 王绍光, 刘欣. 信任的基础: 一种理性的解释 [J]. 社会学研究, 2002 (3): 23 - 39.

[190] 王中杰. 董事会治理 [M]. 北京: 中国发展出版社, 2011.

[191] 威廉·乔治. 正确扮演董事会治理角色 [J]. 董事会, 2013 (4): 86 - 89.

[192] 温忠麟, 张雷, 侯杰泰等. 中介效应检验程序及其应用 [J]. 心理学报, 2004, 36 (5): 614 - 620.

[193] 吴清华, 王平心. 公司盈余质量: 董事会微观治理绩效之考察 [J]. 数理统计与管理, 2007 (1): 30 - 40.

[194] 吴伟央. 公司董事会职能流变考 [J]. 中国政法大学学报, 2009 (2): 12 - 23, 158.

[195] 谢绚丽, 赵胜利. 中小企业的董事会结构与战略选择——基于中国企业的实证研究 [J]. 管理世界, 2011 (1): 101 - 111.

[196] 万科股权之争尘埃临定董事会换届成最后悬念 [EB/OL]. 新华网, 2017 - 06 - 30.

[197] 史玉柱管理团队不用空降兵独裁很危险 [EB/OL]. 新

经济导刊，2008 - 01 - 03.

[198] 徐细熊，万迪，淦未宇. 行为公司治理研究：公司治理研究的新视角 [J]. 外国经济与管理，2006，28 (6)：11 - 18.

[199] 杨海兰，王宏梅. 上市公司董事会专业委员会的设立及其在中国的现状分析 [J]. 当代经济管理，2009，31 (4)：92 - 96.

[200] 杨清香，俞麟，陈娜. 董事会特征与财务舞弊——来自中国上市公司的经验证据 [J]. 会计研究，2009，7：64 - 70 + 96.

[201] 叶康涛，祝继高，陆正飞，张然. 独立董事的独立性：基于董事会投票的证据 [J]. 经济研究，2011 (1)：126 - 139.

[202] 于东智，池国华. 董事会规模、稳定性与公司绩效：理论与经验分析 [J]. 经济研究，2004 (4)：70 - 79.

[203] 肖宝同. 从雷曼兄弟破产看公司治理的失败 [EB/OL]. 新浪博客.

[204] 谢志华，张庆龙，袁蓉丽. 董事会结构与决策效率 [J]. 会计研究，2011 (1)：31 - 37.

[205] 叶蓓. 构建高效董事会——基于决策过程视角 [J]. 武汉科技大学学报（社会科学版），2014，16 (4)：423 - 426.

[206] 叶蓓. 认知偏误及其对董事会治理失效的启示——一个综述 [J]. 当代经济管理，2015，37 (7)：20 - 25.

[207] 叶蓓. 董事会异质性、多元化战略与企业价值 [J]. 华东经济管理，2017，31 (3)：146 - 153.

[208] 叶蓓. 我国上市公司独董质疑的经验证据 [J]. 企业经

济，2018（4）：95 - 102.

[209] 叶蓓. 信息、信任、认知冲突与董事会治理——基于问卷调查 [J]. 商业经济与管理，2018（7）：29 - 40.

[210] 叶蓓，金晶，陈君. 企业决策过程与董事会权力虚置关系研究 [J]. 领导科学，2014（5）：46 - 48.

[211] 叶蓓，刘翰林，蔡娟. 董事会特征、行为及治理有效性调查报告 [J]. 财会通讯，2016（18）：66 - 69.

[212] 叶蓓，袁建国. 企业投资的行为公司财务研究综述 [J]. 会计研究，2007（12）：76 - 81，97.

[213] 叶蓓，祝建军. 经理人声誉顾虑与企业投资羊群效应实证检验 [J]. 财会月刊，2008（8）：3 - 6.

[214] 英国石油漏油案被罚 117 亿美元巨额负债或被并购 [EB/OL]. 网易财经.

[215] 张鸿. 当心项目融资风险——印度大博（Dabhol）电厂失败案例分析 [J]. 对外经贸实务，2002（1）：20 - 22，28.

[216] 张建. 董事会形同虚设，"川化系"内乱加码 [N]. 21世纪经济报道. 2012 - 09 - 13. http：//roll. sohu. com/20120913/n353007030. shtml.

[217] 郑也夫. 信任：溯源与定义 [J]. 北京社会科学，1999（4）：118 - 123.

[218] 中国证监会. 关于在上市公司建立独立董事制度的指导意见（2001 年 8 月 16 日证监发 [2001] 102 号） [EB/OL]. 中国

证券监督委员会官网，2008 - 03 - 05.

　　[219] 中华人民共和国公司法 [J]. 工商行政管理，2005（21）：5 - 22.

　　[220] 仲继银. 董事会与公司治理 [M]. 北京：中国发展出版社，2009：18；26.

　　[221] 周建，尹翠芳，陈素蓉. 董事会团队属性对企业国际化战略的影响研究 [J]. 管理评论，2013，25（11）：133 - 143.

　　[222] 周婷婷. 董事会治理与上市公司风险行为研究——基于内部控制和风险承担视角 [M]. 北京：经济管理出版社，2014：4.

后　记

　　《行为心理视角下的董事会治理》是在作者主持的国家社会科学基金项目"后危机时代董事会治理失效研究"的成果基础上完成的。

　　董事会是现代公司治理的核心，肩负监督控制、战略决策、服务咨询等诸多重要使命。然而，现实生活中的董事会常常给人以"橡皮图章"的印象，既缺乏对管理者的有效掣肘，也鲜见高屋建瓴的战略眼光，由是导致治理失效。针对这一现象，主流理论展开过大量研究，提出应提高董事会专业性、独立性，保持适当规模；各国在董事会改革实践中也积极响应，提倡或要求上市公司提高独立董事比例，增设董事会专业委员会，加强对董事任职资格的审查等。然而时至今日，董事会盲目附和、决策失误的案例仍旧大量涌现，乃至一些学者对这种简单选美式的董事会改革提出质疑。由此看来，我们关于董事会治理的认识还极不充分。

　　梳理以往文献可以发现，过往研究存在一些明显局限，主要是：将董事会视作个体的简单加总，忽视其团队属性和内部成员的相互作用；对董事会静态特征过分关注，对运作过程剖析不足；基于理性人假设强调委托代理冲突和激励不相容，对认知心理关注不足等。基于此，笔者尝试从行为过程和认知心理入手，探讨董事会治理的影响因素，以弥补主流研究不足，为董事会失效提供新的诠释，为治理改革提供新的思路。

这一视角源于笔者一直以来的研究兴趣。早在 2005 年攻读博士研究生期间，笔者就已初次领略到行为金融的魅力，并依此确定了博士论文选题《管理者过度自信、投资－现金流敏感度与投资效率》。因此，此番研究是将行为理论运用于公司治理的又一次尝试。

视角既定，困难却不少。首先，研究框架的搭建，这是当前困扰行为公司治理研究的一大难题。董事会治理牵涉的行为心理因素极其庞杂，如何辨析、梳理和选择相对重要的因素，将之纳入统一的研究框架当中，并且确保研究的可操作性，是需要逾越的一大难关。其次，实证资料的获取。作为公司治理的"幕后角色"，董事会甚少曝光于公众视野，运作过程极为隐蔽，外人难以接近观察，故此相关实证研究非常匮乏……

所幸的是，项目在执行过程中，得到国内外众多同行专家的指导和帮助。我的导师——华中科技大学的袁建国教授对课题研究思路形成提供了重要启发；武汉科技大学邓泽宏教授、丁宇教授、黄涛教授对项目开展给予了热情支持；课题组成员的积极配合保证了研究工作的顺利开展。此外，还要特别感谢加拿大西蒙菲莎大学的 Johnny Jermias 教授，他的热情邀约使我有机会与众多优秀学者交流探讨。在此谨向他们致以衷心的感谢！当然，还要感谢我的家人，是他们默默的支持给了我前行的动力！祝愿他们平安、健康、快乐！

叶蓓

2019 年春，于武汉